관세평가 법령집

FTA관세무역연구원 저자직강

Customs Valuation

MEMO

관세법	관세법 시행령	관세법 시행규칙	관세평가 운영에 관한 고시	
제17조(적용 법령) 제18조(과세환율) **제4절 과세가격의 신고 및 결정** **제1관 가격신고 등** 제27조(가격신고) 제28조(잠정가격의 신고 등) 제29조(가격조사 보고 등)	**제4절 과세가격의 신고 및 결정** 제15조(가격신고) 제16조(잠정가격의 신고 등) 제16조의2(수입신고가격 등의 공표)	제1조의2(과세환율) 제3조(잠정가격신고 대상물품 등) 제3조의2(확정가격 신고기간의 연장방법)	제1조(목적) 제2조(통화) 제3조(과세환율) **제2장 가격신고** 제4조(가격신고) 제5조(포괄가격신고) 제6조(잠정가격신고) 제7조(잠정가격신고 방법)	제8조(확정가격신고) 제9조(잠정가격의 확정) 제10조(확정가격신고에 따른 세액 정정) 제11조(확정가산율) 제12조(확정가격 신고기간의 연장)
제30조(과세가격 결정의 원칙)	제17조(우리나라에 수출하기 위하여 판매되는 물품의 범위)		**제3장 거래가격에 기초한 과세가격 결정** 제13조(과세가격 결정방법의 적용순서) 제14조(제1방법을 적용할 수 없는 수입물품) 제15조(수출판매의 범위) 제16조(실제지급가격)	
	제17조의2(구매수수료의 범위 등) 제18조(무료 또는 인하된 가격으로 공급하는 물품 및 용역의 범위) 제18조의2(무료 또는 인하된 가격으로 공급하는 물품 및 용역금액의 배분 등) 제19조(권리사용료의 산출) 제19조의2(수입물품을 전매·처분 또는 사용하여 생긴 수익금액의 범위) 제20조(운임 등의 결정) 제20조의2(간접지급금액 등)	제3조의3(구매자를 대리하여 행하는 용역의 범위 등) 제4조(무료 또는 인하된 가격으로 공급하는 물품 및 용역) 제4조의2(권리사용료의 산출) 제4조의3(운임 등의 결정)	제17조(수수료 및 중개료) 제18조(용기 및 포장비용) 제19조(생산지원) 제20조(생산지원금액의 가산방법) 제21조(권리사용료) 제22조(권리사용료 산출방법) 제23조(사후귀속이익) 제24조(운임 및 운송관련비용) 제25조(통상운임) 제26조(보험료)	
	제21조(처분 또는 사용에 대한 제한의 범위) 제22조(거래가격에 영향을 미치지 아니하는 제한 등) 제23조(특수관계의 범위 등) 제24조(과세가격 불인정의 범위 등)	제5조(특수관계의 영향을 받지 않은 물품가격) 제5조의2(신고가격 증명자료 제출기간) 제6조 삭제	**제4장 거래가격 배제** 제27조(조건 또는 사정) 제28조(판매 주변상황 검토에 의한 특수관계 영향 판단) 제29조(비교가격에 의한 특수관계 영향 판단)	
제31조(동종·동질물품의 거래가격을 기초로 한 과세가격의 결정) 제32조(유사물품의 거래가격을 기초로 한 과세가격의 결정) 제33조(국내판매가격을 기초로 한 과세가격의 결정) 제34조(산정가격을 기초로 한 과세가격의 결정)	제25조(동종·동질물품의 범위) 제26조(유사물품의 범위) 제27조(수입물품의 국내판매가격 등) 제28조(산정가격을 기초로 한 과세가격의 결정)		**제5장 거래가격 배제에 따른 과세가격 결정** 제30조(제2방법 및 제3방법 적용요건 등) 제31조(제4방법을 적용할 수 없는 수입물품) 제32조(법 제33조에 따른 금액 산정 시 고려사항) 제33조(산출대상 품목군 등의 결정) 제34조(비교대상업체의 선정) 제35조(동종·동류비율의 산출 및 통보 등)	

관세평가 법령집 **3**

제35조(합리적 기준에 따른 과세가격의 결정)	제29조(합리적 기준에 따른 과세가격의 결정) 제30조(가산율 또는 공제율의 적용)	7조(합리적인 기준에 의한 과세가격의 결정) 제7조의2(수입신고 전 변질 또는 손상물품의 과세가격의 결정) 제7조의3(여행자 휴대품ㆍ우편물등의 과세가격의 결정) 제7조의4(임차수입물품의 과세가격의 결정) 제7조의5(중고물품의 과세가격의 결정) 제7조의6(보세공장에서 내국물품과 외국물품을 혼용하여 제조한 물품의 과세가격의 결정) 제7조의7(범칙물품의 과세가격의 결정) 제7조의8(보세구역에서 거래되는 석유의 과세가격의 결정) 제7조의9(가산율 또는 공제율의 결정 방법)	제36조(납세의무자 비율 산출) 제37조(동종ㆍ동류비율에 대한 이의제기) 제38조(제5방법을 적용할 수 없는 수입물품) 제39조(제6방법의 적용) 제40조(여행자휴대품 등의 과세가격) 제41조(중고물품의 과세가격) 제42조(가산율 또는 공제율의 결정)
제36조(과세가격 결정방법 등의 통보) 제37조(과세가격 결정방법의 사전심사) 제37조의2(관세의 과세가격 결정방법과 국세의 정상가격 산출방법의 사전조정) 제37조의3(관세의 부과 등을 위한 정보제공) 제37조의4(특수관계자 수입물품 과세가격결정자료 제출)	제31조(과세가격 결정방법의 사전심사) ~~제31조의2~~ (삭제) 제31조의3(사전조정의 절차 등) 제31조의4(관세부과 등을 위한 정보제공 범위) 제31조의5(특수관계자 수입물품 과세자료 제출범위 등)	제7조의10(특수관계자간 거래물품의 과세가격 결정방법 사전심사)	**제6장 과세가격결정방법 사전심사** **제1절 일반 수입물품** 제43조(일반 수입물품 사전심사 신청) 제44조(사전상담) 제45조(전문가 등의 자문) 제46조(심사결과 통보) 제47조(사전심사 변경 등) **제2절 특수관계자간 수입물품** 제48조(특수관계자간 수입물품 사전심사 신청) 제49조(사전상담) 제50조(사전심사) 제51조(사전심사 결과통보) 제52조(사전심사 결과 변경 등) 제53조(연례보고서의 제출 등) 제54조(특수관계 사전심사 적용기간 연장 신청) 제55조(관세조사와의 관계) 제56조(준용규정) **제7장 관세평가자문위원회 등** 제57조(관세평가협의회 구성) 제58조(협의회 심의사항) 제59조(협의회의 운영) 제60조(관세평가협의회 수당) 제61조(관세평가자문단) 제62조(재검토 기한)

관세평가 법령집 **4**

과세가격 결정요소	협정	협정부속서(주해)	결정	권고의견	예해/해설	사례연구/연구
I. 과세가격 결정 일반	일반서설 제1조(거래가격방법) 제15조(용어의정의) 1항					
I-1. 대체방법과 적용순서	일반서설 제4조(제5조와 제6조의 적용순서)	일반 주해(평가방법의 순차적 적용)			예해 5.1(일시 수출된 후 반송 물품)	
I-2. 일반적으로 인정된 회계원칙		일반 주해(일반적으로 인정된 회계원칙의 사용)			예해6.1(분할선적물품의 처리) 예해8.1(일괄거래의 처리)	
I-3. 과세환율	제9조(통화환산)	제9조의 주해		권고20.1(고정환율 약정통화의 환산)		
II. 거래가격방법	일반서설 제1조(거래가격방법)					
II-1. 수출판매	제1조(거래가격방법) 제1항			권고1.1(판매의 개념) 권고14.1('수입국으로 수출판매된'의 의미) 권고22.1(기술문서의 평가)	예해5.1(일시수출된 후 반송물품) 예해17.1(구매수수료) 14단락 예해22.1(연속거래에서 '수입국으로 수출하기 위하여 판매된'의 의미) 해설1.1(시간 요소)	사례연구9.1(독점대리인, 독점공급권자 및 독점영업권자)
II-2. 실제지급가격	제1조(거래가격방법) 제1항			권고2.1(동종동질물품의 시장가격보다 낮은 가격) 권고23.1('반짝 세일'에서 구매한 수입물품의 평가)	예해2.1(수출보조금 또는 수출장려금) 4단락 예해3.1(덤핑가격으로 판매된 물품) 예해7.1(보관과 관련비용 처리)	사례연구7.1(실제지급가격의 적용: 교육훈련비) 사례연구12.1(생산비용보다 낮은가격으로 판매된 물품)
1) 가격할인				권고5.1~5.3(현금할인의 처리) 권고15.1(수량할인의 처리) 권고8.1(종전거래와 관련한 신용채권)		
2) 가격의 변경					예해4.1(가격조정약관) 예해6.1(분할선적물품의 처리)	
3) 구매자의 자기계산 행위		제1조의 주해(실제지급가격) 2단락 제1조의 주해(제1항(b)) 2단락			예해7.1(보관과 관련비용의 처리) 예해16.1(수입전 구매자의 자기계산 행위) 예해20.1(하자보증비)	
4) 소프트웨어			결정4.1(소프트웨어 전달매체에 대한 평가)		예해13.1(결정4.1의 적용)	
5) 거래의 유형					예해6.1(분할선적물품의 처리) 예해8.1(일괄거래의 처리)	
II-3. 간접지급		제1조의 주해(실제지급가격)		권고8.1(종전거래와 관련한 신용채권)	예해20.1(하자보증비) 해설5.1(확인수수료)	사례연구1.1(기술, 개발, 공예등에 대한 사례연구) 사례연구6.1(하자보증보험료)
II-4. 공제요소	제1조의 주해(실제지급가격) 3단락				예해9.1(수입국 내에서 수행한 활동비용의 처리)	
1) 수입 후 수행된 건설, 설치, 조립, 유지 및 기술지원 비용					예해20.1(하자보증비) 해설6.1('유지'와 '하자보증'의 차이)	
2) 수입 후 운송비용						
3) 수입국의 관세 및 조세				권고3.1('구분되는'의 의미: 수입국의 관세 및 제세)		
4) 연불이자			결정3.1(이자비용의 처리)			
II-5. 가격의 조정	제8조(가격의 조정) 제 3~4항	제8조의 주해 제3항			예해2.1(수출보조금 또는 수출장려금) 5단락	

항목	협정	주해	결정	권고	예해	사례연구
1) 수수료, 중개료	제8조(가격의 조정) 제1항(a)(i)	제8조의 주해 제1항(a)(i)			예해17.1(구매수수료) 해설2.1(수수료 및 중개료)	
2) 용기 및 포장비용	제8조(가격의 조정) 제1항(a)(ii),(iii)					
3) 생산지원	제8조(가격의 조정) 제1항(b)	일반주해(일반적으로 인정된 회계원칙) 2단락 제8조의 주해 제1항(b)(ii) 제8조의 주해 제1항(b)(iv)	결정2.1(제8조 제1항 (b)(iv)'수행된'의 번역) 결정5.1(제8조 제1항(b)(iv)'개발'이라는 용어해석)		예해5.1(일시수출된후 반송물품) 예해18.1(제8.1조b)ii)와 제8.1조b(iv)와의 관계) 예해24.1(생산지원의 가격결정)	사례연구1.1(기술, 개발.공예등에 대한 사례연구) 사례연구5.1,5.2(생산지원의 적용) 사례연구8.1, 8.2(제8.1조의 적용)
4) 권리사용료	제8조(가격의 조정) 제1항(c)	제8조의 주해 제1항(c) 제8조의 주해 제3항	결정1.1(복제권의 불어번역)	권고4.1~4.17(로열티 및 권리사용료)	예해19.1('수입물품을 재현하는 권리'의 의미) 예해25.1(제3자 권리사용료)	사례연구8.1, 8.2(제8.1조의 적용)
5) 사후귀속이익	제8조(가격의 조정) 제1항(d)			권고1.1(판매)이익분배 거래		사례연구2.1(협정제8.1조(d)의 적용) 사례연구 2.2(사후귀속이익(proceeds)의 처리)
6) 운송비 및 관련 비용	제8조(가격의 조정) 제2항			권고13.1('보험'의 범위)	예해7.1(보관과 관련비용의처리) 예해21.1(운송비: FOB평가제도)	
III. 거래가격의 요건						**사례연구12.1(생산비용보다 낮은 가격으로 판매된 물품)**
III-1. 처분 또는 사용의 제한	제1조(거래가격방법) 제1항(a)	제1조의 주해 제1항(a)(iii)			예해12.1('제한'의 의미)	사례연구3.1(조건과 제한)
III-2. 금액으로 계산할 수 없는 조건 또는 사정	제1조(거래가격방법) 제1항(b)	제1조의 주해 제1항(b)		권고5.1(현금할인) 권고6.1(물물교환 및 구상무역) 권고15.1(수량할인) 권고16.1(가치를 결정할 수 없는 조건 또는 사정)	예해2.1(수출보조금 또는 수출장려금) 3단락 예해4.1(가격조정약관) 예해6.1(분할선적물품의 처리) 예해8.1(일괄거래의 처리) 예해11.1(끼워팔기의 처리) 예해16.1(수입전 구매자의 자기계산 행위)	사례연구3.1(조건과 제한)
III-3. 금액으로 확인할 수 없는 사후귀속 이익	제1조(거래가격방법) 제1항(c)					사례연구2.2(사후귀속이익 (proceeds)의 처리)
III-4. 특수관계의 영향	제1조(거래가격방법) 제1항(d) 제1조(거래가격방법) 제2항 제15조(용어의정의) 제4항, 제5항	제1조의 주해 제2항 제1조의 주해 제2항(b) 제15조의 주해 제4항 제15조의 주해 제4항(e)		권고17.1(비교가격 수용가능성) 권고21.1('사업상 동업자'에 대한 해석)	예해10.1(거래단계및 수량차이에 대한 조정) 예해14.1(제1조 제2항의 적용) 예해23.1('판매주변상황'이란 표현에 대한 검토) 해설4.1(특수관계에 대한 고려)	사례연구9.1(독점대리인, 독점공급권자 및 독점영업권자) 사례연구10.1(제1,2조의 적용) 사례연구11.1(특수관계자간 거래) 사례연구14.1, 14.2(특수관계자간 거래 검토시 이전가격문서의 사용)
III-5. 합리적 의심	제16조(서면요청) 제17조(관세당국의 권한)		결정6.1(합리적 의심)	권고2.1(동종동질물품의 시장가격보다 낮은 가격) 권고19.1(협정제17조 및 부속서III 제6항의 적용)		사례연구13.1, 13.2(결정6.1의 적용)
IV. 대체방법에 의한 과세가격 결정	일반서설 제2항~제4항				예해20.1(하자보증비) 11~12단락 해설3.1(계약과 불일치하는 물품)	연구1.1(중고자동차의 처리)
IV-1. 동종동질 및 유사물품의 거래가격	제2조(동종동질물품의 거래가격) 제3조(유사물품의 거래가격) 제15조(용어의정의) 제2항	제2조의 주해 제3조의 주해		권고7.1(비교가격 수용여부) 권고23.1('반짝 세일'에서 구매한 수입물품의 평가)	예해1.1(동종동질물품 또는 유사물품) 예해10.1(거래단계 및 수량차이에 대한 조정) 해설1.1(시간요소)	
IV-2. 공제가격방법 (국내판매가격방법)	제5조(공제가격) 제15조(용어의정의) 제3항	일반 주해(일반적으로 인정된 회계원칙) 2단락 제5조의 주해		권고9.1(공제가격방법 적용시 덤핑방지관세 및 상계관세의 처리)	예해15.1(공제가격방법의 적용)	

관세평가 법령집 6

Ⅳ-3. 산정가격방법	제6조(산정가격)	일반 주해(일반적으로 인정된 회계원칙) 2단락 제6조의 주해				
Ⅳ-4. 합리적 방법		제7조의 주해		**권고12.1**(제7조의 신축적 적용) **권고12.2**(제7조 적용순서) **권고12.3**(제7조 적용시 해외출처 자료의 사용) **권고22.1**(기술문서의 평가)	**예해5.1**(제조,가공,수리용으로 일시 수출된 후 반송된 물품) **해설3.1**(계약과 불일치하는 물품)	**사례연구4.1**(임대차물품의 처리) **연구1.1**(중고자동차의 처리) **연구2.1**(임차수입물품의 처리)
Ⅴ. 기타	제10조(비밀유지) 제11조(불복청구권) 제12조(공표) 제13조(과세가격 결정의 지연) 제14조(주해, 부속서) 제2부(관리, 협의 및 분쟁 해결) 제3부(특별 및 차등대우) 제4부(최종조항)	제11조의 주해	**결정7.1**(최저가격과 독점대리인등에 의한 수입)	**권고10.1**(허위문서의 처리) **권고11.1**(부주의로 인한 오류, 불완전한 문서의 처리) **권고17.1**(제11조의 범위와 의미) **권고18.1**(제13조의 의미)		

과세대상이 되는 소득의 귀속이나 거래의 내용을 명의가 아닌 실질에 따라 파악하여야 한다는 실질과세 원칙은 조세의 부과와 징수에 관한 기본원리이므로, 이에 관한 명문의 규정을 두고 있지 않은 관세법을 해석할 때에도 마찬가지로 적용된다. 따라서 구매자가 상표권자에게 지급한 금액이 수입물품 과세가격의 가산조정요소가되는 상표권 사용 대가에 해당 하는지 여부는 지급한 금액의 명목이 아니라 그 실질내용이 상표권을 사용하는 대가로서의 성격을 갖는 것인지 여부에 따라 판단하여야 한다 (대법원 2016. 8. 30. 선고)

세의무자는 경제활동을 할 때 특정 경제적 목적을 달성하기 위하여 어떤 법적 형식을 취할 것인지 임의로 선택할 수 있고, 과세관청으로서도 그것이 가장행위라거나 조세회피목적이 있다는 등의 특별한 사정이 없는 한 납세의무자가 선택한 법적 형식에 따른 법률관계를 존중하여야 한다.(대법원 2017.4.7.선고)

관세평가 3단 법령집 (법률-시행령-시행규칙&고시)

「관세법 제18조, 28조, 30~37조의4 범위」

관세법	관세법 시행령	관세법 시행규칙 & 관세평가 운영에 관한 고시

제18조(과세환율) 과세가격을 결정하는 경우 외국통화로 표시된 가격을 내국통화로 환산할 때에는 제17조에 따른 날(보세건설장에 반입된 물품의 경우에는 수입신고를 한 날을 말한다)이 속하는 주의 전주(前週)의 기준환율 또는 재정환율을 평균하여 관세청장이 그 율을 정한다.

규1조의2(과세환율)

① 관세청장은 「외국환거래법」 제9조제2항에 따른 외국환중개회사가 「관세법」(이하 "법"이라 한다) 제17조에 따른 날(보세건설장에 반입된 물품의 경우에는 수입신고를 한 날을 말한다)이 속하는 주의 전주(前週) 월요일부터 금요일까지 매일 최초 고시하는 기준환율 또는 재정환율을 평균하여 법 제18조에 따른 과세환율을 결정한다.

② 관세청장은 법 제18조에 따른 과세환율의 세부 결정방법 등 필요한 사항을 따로 정할 수 있다.

· 우리나라는 과세가격을 결정하는 경우 외국통화로 표시된 가격을 내국통화로 환산할 때에는 과세물건이 확정되는 시기【법제16조】에 수입신고 당시의 법령에 따라【법제17조】해당 일이 속하는 주의 전주의 외국환매도율을 평균하여 관세청장이 그 율을 정한다.【법 제18조】

· 【관세법기본통칙】 가산요소 해당 금액이 수입물품에 대하여 실제지급금액과 별도로 외화에 의해 지불된다 하더라도, 관세법 제18조에 의한 과세환율은 당해 수입물품에 대하여 수입신고하는 시점의 과세환율을 적용하여야 한다.

· 【협정 제9조】

(1) 과세가격의 결정을 위하여 화폐환산이 필요한 경우, 사용될 환율은 수입국의 권한 있는 당국에 의하여 정식으로 공표된 것이며, 수입국 화폐기준으로 상거래에서 그 화폐의 현행가치를 가능한 한 효과적으로 반영한 것이어야 한다.

(2) 사용될 환율은 각 회원국에서 규정하는 바에 따라, 수출 또는 수입시점에 유효한 환율이 되어야 한다.

· 【해설 1.1】 14. 협정 제1조(제1방법), 제2조(제2방법) 및 제3조(제3방법) 적용에 있어 시간 요소의 역할에 대한 상기 논의는 당연히 관세평가상 중요한 시간과 아무런 관련이 없다. 제9조(통화)는 통화 환산에 대해서만 시간이 고려되어야 한다고 규정하고 있다.

· 【권고의견 20.1】 계약이 매매계약서 상에서 고정환율을 약정하고 있고, 가격의 결제(settlement of price)가 수입국 통화로 행해지는 경우에는 별도의 통화환산은 필요하지 않다.

고1조(목적) 이 고시는 다음 각 호에 따라 관세청장에게 위임된 사항과 수입물품 과세가격 결정 제도의 운영을 위하여 필요한 세부지침을 정함을 목적으로 한다.

1. 「관세법」(이하 "법") 제18조 및 같은 법 시행령(이하 "영") 제288조의 과세환율에 관한 사항

2. 법 제27조부터 제28조까지, 영 제15조부터 제16조까지 및 같은 법 시행규칙(이하 "규칙") 제2조부터 제3조의2까지의 가격신고에 관한 사항

3. 법 제30조부터 제36조까지, 영 제17조부터 제30조까지, 규칙 제3조의3부터 제7조의9까지 및 「1994년도 관세 및 무역에 관한 일반협정 제7조의 이행에 관한 협정」 제1조부터 제17조까지(해당 협정의 부속서를 포함한다)의 과세가격 결정에 관한 사항

4. 법 제37조부터 제37조의4까지 및 영 제31조부터 제31조의5까지, 규칙 제7조의10의 과세가격 사전심사 등에 관한 사항

고2조(통화) 과세가격은 송품장에 기재된 통화를 기초로 하여 결정한다. 다만, 송품장에 기재된 통화와 실제로 결제되는 통화가 상이한 것이 관계자료 등에 의하여 확인된 경우에는 실제로 결제되는 통화를 기초로 하여 결정한다.

고3조(과세환율)

① 법 제18조 및 규칙 제1조의2에 따른 과세환율은 「외국환거래법」제9조제2항에 따른 외국환중개회사가 고시하는 환율 자릿수와 동일하게 산정하되, 같은 자릿수 미만에서 반올림한다.

② 과세환율의 적용기간은 일요일 00시부터 토요일 24시까지로 하며, 관세청 전자통관시스템(UNI-PASS)을 통하여 알린다.

③ 관세평가분류원장은 제1항부터 제2항까지에 따른 과세환율의 결정을 위하여 필요한 사항을 따로 정할 수 있다.

일	월	화	수	목	금	토	적용환율 : F							
							일	월	화	수	목	금	토	일
	최초 고시환율 (a)	최초 고시환율 (b)	최초 고시환율 (c)	최초 고시환율 (d)	최초 고시환율 (e)									
	월~금 최초고시환율의 평균 (F=(a+b+c+d+e)/5)													

관세평가 법령집 8

제28조(잠정가격의 신고 등)	영16조(잠정가격의 신고 등)	규3조(잠정가격신고 대상물품 등)

① 납세의무자는 가격신고를 할 때 신고하여야 할 가격이 확정되지 아니한 경우로서 대통령령으로 정하는 경우에는 잠정가격으로 가격신고를 할 수 있다. 이 경우 신고의 방법과 그 밖에 필요한 사항은 대통령령으로 정한다.
 	
② 납세의무자는 제1항에 따른 잠정가격으로 가격신고를 하였을 때에는 대통령령으로 정하는 기간 내에 해당 물품의 확정된 가격을 세관장에게 신고하여야 한다.
 	
③ 세관장은 납세의무자가 제2항에 따른 기간 내에 확정된 가격을 신고하지 아니하는 경우에는 해당 물품에 적용될 가격을 확정할 수 있다. 다만, 납세의무자가 폐업, 파산신고, 법인해산 등의 사유로 확정된 가격을 신고하지 못할 것으로 인정되는 경우에는 제2항에 따른 기간 중에도 해당 물품에 적용될 가격을 확정할 수 있다.
 	
④ 세관장은 제2항에 따라 확정된 가격을 신고받거나 제3항에 따라 가격을 확정하였을 때에는 대통령령으로 정하는 바에 따라 잠정가격을 기초로 신고납부한 세액과 확정된 가격에 따른 세액의 차액을 징수하거나 환급하여야 한다.
	① 법 제28조제1항 전단에서 "대통령령으로 정하는 경우"란 다음 각 호의 어느 하나에 해당하는 경우를 말한다.
	
	1. 거래관행상 거래가 성립된 때부터 일정기간이 지난 후에 가격이 정하여지는 물품(기획재정부령으로 정하는 것으로 한정한다)으로서 수입신고일 현재 그 가격이 정하여지지 아니한 경우
	
	2. 법 제30조제1항 각 호에 따라 조정하여야 할 금액이 수입신고 일부터 일정기간이 지난 후에 정하여 질 수 있음이 제2항에 따른 서류 등으로 확인되는 경우
	
	2의2. 법 제37조제1항제3호에 따라 과세가격 결정방법의 사전심사를 신청한 경우
	
	2의3. 제23조제1항 각 호의 어느 하나에 해당하는 특수관계가 있는 구매자와 판매자 사이의 거래 중 법 제30조제1항 본문에 따른 수입물품의 거래가격이 수입신고 수리 이후에 「국제조세조정에 관한 법률」 제8조에 따른 정상가격으로 조정될 것으로 예상되는 거래로서 기획재정부령으로 정하는 요건을 갖춘 경우
	
	3. 계약의 내용이나 거래의 특성상 잠정가격으로 가격신고를 하는 것이 불가피한 경우로서 기획재정부령으로 정하는 경우
	
	② 잠정가격 신고서 + 서류제출
	
	③ 2년 세 기간내 확정신고, 신고자는 기간만료 30일 전까지 확정가격 계산 위한 가산율 산정요청 가능
	
	④ 세관장: 신고기간 연장가능, 신고기간의 만료일부터 2년초과 X
	
	⑤ 확정가격 신고서 + 자료첨부 제출
	
	⑥ 잠정세액-확정세액 차액 징수/환급시 가산세X
		① 영 제16조제1항제1호에서 "기획재정부령으로 정하는 것"이란 원유·곡물·광석 그 밖의 이와 비슷한 1차산품을 말한다.
		
		② 영 제16조제1항제2호의3에서 "기획재정부령으로 정하는 요건을 갖춘 경우"란 판매자와 구매자가 수립하는 수입물품의 거래가격 조정계획에 따라 조정(「국제조세조정에 관한 법률」 제7조에 따른 조정은 제외한다)하는 금액이 실제로 지급 또는 영수되고 해당 거래의 수입물품에 객관적으로 배분·계산될 것으로 판단되는 거래로서 다음 각 호의 요건을 모두 갖춘 경우를 말한다.
		
		1. 납세의무자가 다음 각 목의 어느 하나에 해당될 것
		
		  가. 법 제37조제1항제3호에 따라 과세가격 결정방법의 사전심사를 신청하여 과세가격 결정방법을 통보받아 영 제16조제1항제2호의2에 따른 잠정가격 신고의 자격이 없는 경우 중 해당 통보받은 과세가격 결정방법이 법 제30조제1항 본문에 따른 방법인 경우
		
		  나. 「국제조세조정에 관한 법률」 제14조에 따른 정상가격 산출방법의 사전승인을 받은 경우
		
		2. 납세의무자가 제1호가목에 따른 과세가격 결정방법을 통보받거나 같은 호 나목에 따른 정상가격 산출방법 사전승인을 받은 이후 해당 거래의 수입물품 수입신고 1개월 전까지 별지 제1호의5 서식의 수입물품 거래가격 조정 계획서에 다음 각 목의 서류를 첨부하여 세관장에게 제출했을 것
		
		  가. 수입물품별 가격의 산출방법을 구체적으로 설명하는 다음의 자료
		
		    1) 구매자와 판매자간 가격결정 및 조정에 관하여 합의한 계약서, 구매자의 내부지침 등 자료
		
		    2) 「국제조세조정에 관한 법률」 제8조에 따른 정상가격을 산출하기 위하여 작성한 검토 보고서 및 관련 재무자료
		
		  나. 과세관청으로부터 과세가격 결정방법을 통보받은 내역 또는 「국제조세조정에 관한 법률」 제14조에 따른 정상가격 산출방법의 사전승인을 받은 내역
		
		  다. 「국제조세조정에 관한 법률」 제16조 제1항에 따른 국제거래정보통합보고서
		
		  라. 그 밖에 잠정가격 신고요건을 확인하기 위하여 필요한 서류로서 세관장이 요청하는 서류
		
		③ 영 제16조제1항제3호에서 "기획재정부령으로 정하는 경우"란 다음 각 호의 어느 하나에 해당하는 경우를 말한다.
		
		1. 법 제33조에 따라 과세가격을 결정하기 위한 이윤 및 일반경비 산출 등에 오랜 시간이 소요되는 경우
		
		2. 설계·시공 일괄입찰 방식으로 계약된 플랜트 등 물품의 최초 발주시기보다 상당기간이 지나 인도가 완료되는 경우
		
		3. 수입 후에 수입물품의 가격이 확정되는 경우로서 다음 각 목의 요건을 모두 충족하는 경우
		
		  가. 수입 이전에 거래 당사자간의 계약에 따라 최종 거래가격 산출공식이 확정되어 있을 것
		
		  나. 최종 거래가격은 수입 후 발생하는 사실에 따라 확정될 것
		
		  다. 수입 후 발생하는 사실은 거래 당사자가 통제할 수 없는 변수에 기초할 것
		
		4. 그 밖에 계약의 내용이나 거래의 특성상 잠정가격으로 가격신고를 하는 것이 불가피하다고 세관장이 인정하는 경우

고4조(가격신고) 법 제27조제1항에 따른 가격신고는 해당 물품의 과세가격이 법 제30조에 따라 결정되는 경우에는 별지 제3호서식의 가격신고서A, 법 제31조부터 제35조까지에 따라 결정되는 경우에는 별지 제4호서식의 가격신고서B에 의하여 전자문서로 제출한다. 다만, 세관장이 사실 확인을 위하여 필요하다고 인정하는 경우에는 서면신고서와 그 증명자료를 별도로 제출하게 할 수 있다.

고5조(포괄가격신고) ① 영 제15조제3항에 따라 같은 판매자와 구매자간에 같은 물품을 같은 조건으로 반복적으로 수입하는 납세의무자는 1년 이내의 범위에서 일정기간 동안의 수입물품에 대하여 가격신고(이하 "포괄가격신고"라 한다)를 할 수 있다. 다만, 다음 각 호의 어느 하나에 해당하는 경우에는 제4조에 따른 가격신고서를 건별로 제출하여야 한다.

　　1. 규칙 제2조제2항제2호에 따라 세관장이 관세를 부과·징수하는 물품
　　2. 규칙 제2조제2항제3호에 따른 잠정가격으로 가격신고(이하 "잠정가격신고"라 한다)하는 물품
　　3. 규칙 제2조제2항제4호의 수입신고수리전 사전세액심사대상 물품

② 제1항에 따라 포괄가격신고를 하려는 자는 수입신고 전에 다음 각 호의 구분에 따른 자료를 첨부하여 통관예정지 세관장에게 제출해야 한다.

　　1. 과세가격이 법 제30조에 따라 결정되는 경우: 별지 제5호서식의 포괄가격신고서(C) 및 계약서, 송품장 등 과세가격 결정에 관한 사항을 확인할 수 있는 자료
　　2. 과세가격이법 제31조부터 제35조까지의 규정에 따라 결정되는 경우: 별지 제6호서식의 포괄가격신고서(D) 및 계약서, 송품장 등 과세가격 결정에 관한 사항을 확인할 수 있는 자료

③ 제2항에 따른 포괄가격신고서는 전자문서와 함께 제출하여야 한다.

④ 포괄가격신고서를 제출받은 통관예정지 세관장은 신고사항의 누락여부 등을 확인하고 관세청 전자통관시스템에서 등록번호를 생성하여 신청인에게 전자문서로 통지한다.

⑤ 포괄가격신고서의 등록번호를 통지받은 신청인은 등록된 포괄가격신고서의 내용과 합치되는 수입물품에 대하여는 포괄가격신고서 등록번호를 수입신고서에 기재하고 건별 가격신고서 제출을 생략한다.

⑥ 제1항에도 불구하고 포괄가격신고 대상 물품이 포괄가격신고 대상이 아닌 물품과 함께 수입되는 경우에는 건별 가격신고서를 제출해야 한다.

⑦ 수입물품의 거래조건 등 등록된 포괄가격신고서의 내용이 변경된 경우 또는 제1항에서 정한 기간을 경과한 경우에는 포괄가격신고서를 갱신 또는 변경하여야 하며 그 절차는 최초 포괄가격신고절차와 동일하다.

고6조(잠정가격신고) ① 납세의무자는 법 제28조제1항에 따라 잠정가격신고를 하는 때에는 제4조에서 정한 별지 제3호 또는 제4호서식의 가격신고서와 영 제16조제2항에 따라 잠정가격신고 대상 여부를 확인할 수 있는 계약서 등의 서류를 첨부하여 제출해야 한다. 이 경우 같은 계약에 따라 반복 수입하는 잠정가격신고 대상 물품은 해당 계약에 따른 최초 잠정가격신고 건에 계약서 등의 서류를 첨부하여 제출하고, 그 이후 잠정가격신고 건에는 수입신고서의 신고인 기재란에 최초 잠정가격신고 건의 수입신고번호를 기재하는 것으로 건별 서류 제출을 갈음한다.

② 영 제16조제1항제2호의3에 따른 잠정가격신고(이하 "사후보상조정 잠정가격신고"라 한다)는 제4항에 따라 수입물품 거래가격 조정 계획 제출확인서가 발급된 경우에 한정하여 할 수 있다.

③ 사후보상조정 잠정가격신고를 하고자 하는 자는 해당 거래의 수입물품 수입신고 1개월 전까지 규칙 별지 제1호의5서식의 수입물품 거래가격 조정 계획서(이하 "가격조정계획서"라 한다)에 규칙 제3조제2항제2호 각 호의 서류를 첨부하여 제47조에 따라 사전심사 신청서를 검토한 본부세관장 또는 본사 소재지를 관할하는 본부세관장에게 제출해야 한다.

④ 세관장은 제3항에 따라 제출된 가격조정계획서를 접수한 날부터 15일 이내에 영 제16조제1항제2호의3 및 규칙 제3조제2항 각 호의 요건을 모두 갖추었는지 여부를 확인하고 별지 제26호서식의 수입물품 거래가격 조정 계획 제출확인서(이하 "가격조정 계획확인서"라 한다)를 발급해야 한다. 다만, 가격조정계획서의 거래가격 조정내용, 첨부서류 등이 영 제16조제1항제2호의3 및 규칙 제3조제2항 각 호의 요건을 모두 갖추었는지 여부를 확인하기에 충분하지 않다고 판단되는 때에는 일정한 기간을 정하여 보완을 요구할 수 있다.

⑤ 세관장은 수입물품 거래가격 조정계획이 영 제16조제1항제2호의3 및 규칙 제3조제2항 각 호의 요건을 모두 갖추지 아니하였거나 제4항 단서에 따른 보완요구 사항을 보완하지 아니하는 경우에는 제3항에 따라 제출된 가격조정계획서를 반려할 수 있다.

⑥ 사후보상조정 잠정가격신고를 받은 세관장은 필요한 경우 납세의무자에게 가격조정계획확인서의 제출을 요구할 수 있다.

⑦ 영 제31조제10항제1호다목에 따라 납세의무자가 특수관계 사전심사 결과 결정된 과세가격 결정방법의 변경을 요청하는 경우 규칙 제3조제3항제4호에 따라 잠정가격신고를 할 수 있다.

⑧ 제1항의 잠정가격신고를 받은 세관장은 잠정가산율, 잠정가격신고 사유 등을 확인하고, 수입신고수리 시에는 납세의무자가 신고한 가격확정예정시기를 기초로 구매자와 판매자간의 거래계약의 내용 등을 고려하여 2년을 초과하지 않는 범위 내에서 확정가격신고기간을 정하여 이를 수입신고서 및 수입신고필증의 세관기재란에 기재하여야 한다.

⑨ 세관장은 잠정(확정)가격신고에 관한 별지 제7호서식의 전산관리내역을 확인·관리하여야 한다.

고7조(잠정가격신고 방법) ① 영 제16조제1항에 해당하는 물품을 수입하려는 자는 계약에 따라 잠정적으로 지급하기로 한 가격을 잠정가격으로 신고할 수 있다. 다만, 다음 각 호에서 정하는 방법으로 잠정가산금액 등을 산출한 경우에는 해당 가격을 기초로 산정된 가격을 잠정가격으로 신고할 수 있다.

　　1. 영 제16조제1항제2호에 해당하는 물품 중에서 해당 물품 수입후의 판매수익 등의 결과에 따라 권리사용료 또는 사후귀속이익 등 가산금액이 확정되는 물품은 다음 각 목의 방법을 순차적으로 적용하여 산출된 금액을 잠정가산금액으로 신고할 수 있다.

　　　가. 수입거래 관련계획서나 사업계획서상의 예상판매량 또는 예상생산량을 근거로 하여 산출된 예상지급금액. 다만, 이 경우 관련 수입물품이 장기간 수입되는 경우에는 전년도 또는 전단위 기간에 동일거래계약상의 물품에 대하여 사용한 확정가산율이 있는 경우에는 이를 잠정가산율로 하여 잠정가산금액을 산출할 수 있다.
　　　나. 동종·동질물품 또는 유사물품의 전년도 지급실적이 있는 경우에는 다음의 계산식에 따라 산출된 추정지급금액
　　　　· 추정지급금액 = {전1년간의 수입 후의 판매수익 등의 금액(매출액) × 권리사용료지급비율} × 계약기간

　　2. 영 제16조제1항제2호에 해당하는 물품 중 일정기간단위별 수입물품의 운송료 등에 따라 수입후 일정기간 경과 후에 운임이나 보험료가 확정되는 경우에는(예: 포괄운송계약 또는 포괄보험계약) 해당 운송사업자 또는 보험사업자가 발급한 잠정계산서나 이에 갈음할 서류상의 예상지급금액을 잠정가산금액으로 신고할 수 있다.

② 제1항제1호가목을 적용할 때 잠정가산금액의 신고방법 및 구체적인 산정방법은 제20조 또는 제22조에 따른다.

고8조(확정가격신고) ①제6조에 따라 잠정가격신고를 한 자는 세관장이 지정하는 기간 내에 잠정가격신고한 세관장에게 별지 제8호서식의 확정가격신고서와 영 제15조제5항제3호 및 제4호의 과세자료를 전자통관시스템을 통해 전송하여 확정된 가격을 신고(이하 "확정가격신고"라 한다)해야 한다. 다만, 확정가격이 잠정가격과 차이가 없는 경우에는 제6조에 따른 잠정가격신고를 하는 때에 제출한 과세자료는 제출을 생략할 수 있다.

② 사후보상조정 잠정가격신고를 한 자는 제6조제4항에 따라 가격조정 계획확인서를 발급한 세관장에게 확정가격신고를 하여야 한다.

③ 제1항에 따라 확정가격신고를 하여야 하는 세관이 둘 이상인 경우에는 그 중 어느 하나의 세관에 확정가격신고를 할 수 있다.

④ 납세의무자가 영 제16조제1항제2호의2에 따른 사유로 잠정가격신고를 하였으나 법 제37조제1항제3호에 따른 과세가격 결정방법 사전심사가 영 제31조제6항, 제40조제3항 및 제47조제8항에 따라 반려되거나 영 제31조제9항, 제48조제3항 및 제4항에 따라 철회된 경우에는 반려 또는 철회된 날부터 3개월 이내에 확정가격신고를 하여야 한다.

⑤ 세관장은 확정가격신고를 받은 날부터 15일 이내에 제1항에 따른 과세자료 제출 여부 등 형식적 요건을 확인하여 수리하여야 한다. 다만, 확정가격신고의 내용이 형식적인 요건을 확인하기에 충분하지 않은 경우에는 일정한 기간을 정하여 보완을 요구할 수 있다.

⑥ 제5항에 따라 확정가격신고가 수리된 경우 확정가격신고일은 납세의무자가 전자통관시스템을 통해 확정가격신고를 한 날로 한다.

고9조(잠정가격의 확정) ① 세관장은 납세의무자가 법 제28조제3항에 따라 확정가격 신고기간 내에 확정가격신고를 하지 않는 경우 제6조에 따라 신고한 잠정가격으로 해당 물품의 가격을 확정할 수 있다. 다만, 제11조제2항에 따라 확정가산율을 통보한 경우에는 동 확정가산율을 적용하여 가격을 확정할 수 있다.

② 세관장은 사후보상조정 잠정가격신고를 한 자가 신고한 확정가격이 제6조제3항에 따라 제출된 가격조정 계획서에 따라 적정하게 조정되지 않은 경우에는 잠정가격으로 해당 물품의 가격을 확정할 수 있다.

고10조(확정가격신고에 따른 세액 정정) ① 납세의무자는 확정가격이 잠정가격보다 높은 경우 확정가격신고수리 통보를 받은 날부터 10일 이내에 수정신고를 해야 한다. 이 경우 확정가격이 잠정가격보다 낮은 경우에는 확정가격신고수리 통보를 받은 날부터 경정청구를 할 수 있다.

② 확정가격신고에 따른 세액의 적정성 등에 대해서는 확정가격신고를 수리한 후에 심사한다.

고11조(확정가산율) ①제6조에 따라 잠정가격 신고를 한 자는 영 제16조제3항에 따라 확정가격 신고기간이 끝나기 30일 전까지 세관장에게 별지 제24호서식의 확정가산율 산정 신청서와 첨부서류를 제출하여 확정가격의 계산을 위한 가산율(이하 "확정가산율"이라 한다)을 산정해 줄 것을 요청할 수 있다. 이 경우 확정가격신고를 하여야 하는 세관이 둘 이상인 때에는 그 중 어느 하나의 세관에 확정가산율 산정을 요청할 수 있다.

② 제1항에 따라 확정가산율 산정 요청을 받은 세관장은 그 요청을 받은 날부터 15일 이내에 제출받은 자료에 근거하여 확정가산율 계산방법의 적정성 등 형식적 요건을 확인하고 별지 제25호서식의 확정가산율 통보서에 따라 해당 납세의무자에게 통보해야 한다.

③ 세관장은 납세의무자가 제2항에 따라 통보받은 확정가산율을 기초로 제8조제1항에 따른 확정가격신고를 한 경우에는 제10조제1항에 따라 처리한다.

제12조(확정가격 신고기간의 연장) ① 규칙 제3조의2제1항에 따라 확정가격 신고기간을 연장하려는 자는 확정가격 신고기간이 끝나기 3일전까지 별지 제9호서식의 확정가격 신고기간 연장신청서에 관련 증빙자료를 첨부하여 전자통관시스템에 전송하여야 한다.

② 세관장은 규칙 제3조의2제3항에 따라 확정가격 신고기간 연장 여부가 결정되면 확정가격 신고기간을 연장하고 별지 제9호서식의 확정가격 신고기간 연장신청수리서를 신청일부터 3일 이내에 처리하여 신청인에게 통보한다.

관세평가 법령집　**10**

제2관 과세가격의 결정

제30조(과세가격 결정의 원칙)

① 수입물품의 과세가격은 우리나라에 수출하기 위하여 판매되는 물품에 대하여 구매자가 실제로 지급하였거나 지급하여야 할 가격에 다음 각 호의 금액을 더하여 조정한 거래가격으로 한다.

다만, 다음 각 호의 금액을 더할 때에는 객관적이고 수량화할 수 있는 자료에 근거하여야 하며, 이러한 자료가 없는 경우에는 이 조에 규정된 방법으로 과세가격을 결정하지 아니하고 제31조부터 제35조까지에 규정된 방법으로 과세가격을 결정한다.

---

* 용어 개념 (21' 경진대회 문1)

거래가격(Transaction Value): 우리나라에 수출하기 위하여 판매되는 물품에 대하여 구매자가 실제로 지급하였거나 지급하여야 할 가격을 말한다.

실제지급가격(Price actually paid or payable): 수입물품에 대하여 구매자가 판매자에게 또는 판매자의 이익을 위하여 지급하였거나 지급하여야 할 총 지급액을 말한다.

이전가격(Transfer Price): 거주자, 내국법인 또는 국내사업장이 ... 국외 특수관계 자와의 유형자산 또는 무형자산의 매매, 임대차, 용역의 제공, 금전의 대부 차용, 그 밖의 손익 및 자산에 관련된 모든 거래에서 적용한 가격을 말한다.

정상가격(Arm's length Price): 거주자, 내국법인 또는 국내사업장이 국외 특수관계인이 아닌 자와의 통상적인 거래에서 적용되거나 적용될 것으로 판단되는 가격을 말한다.

실제가격(Actual Value): 수입국의 법률에서 정한 시간과 장소에서, 해당 물품 또는 동종물품이 충분한 경쟁 조건 하의 통상적인 거래 과정에서 판매되거나 판매를 위하여 제의된 때의 가격이어야 한다.

〈법 제30조의 구조〉

1항	본문	· 수출판매 · 1 방법 과세가격 정의 (PAPP +, -) · 객 / 수 가산요소 (거래가격 배제)
	각호	· 가산요소 (6 가지) 수 / 용포 / 생 / 권 / 사 / 운
2항	본문	· 실제지급금액 정의 · 실제지급금액 종류 (간접지급금액 범위) · 공제 요건 (명백히 구분)
	각호	· 공제요소 (4 가지) 건 / 운 / 세 / 연
3항	본문	· 거래가격 배제사유
	각호	· 1 방법 배제사유 (4 가지) 제 / 조 / 사 / 특
4항	본문	· 합리적 의심 (자료제출 요구)
5항	본문	· 합리적의심 (거래가격 배제) · 정보교환 절차 · 결과통보 절차
	각호	· 합리적의심에따른 1 방법 배제 사유

고13조(과세가격 결정방법의 적용순서)

수입물품의 과세가격은 법 제30조에 따른 과세가격 결정방법(이하 "제1방법")을 우선 적용하고 제1방법을 적용할 수 없는 경우에는 법 제31조부터 제35조까지에 따른 과세가격 결정방법(이하 각각 "제2방법", "제3방법", "제4방법", "제5방법", "제6방법")을 순차적으로 적용하여 결정한다. 다만, 법 제33조제1항 단서에 따라 납세의무자가 요청하면 제5방법을 우선 적용하되 제5방법을 적용할 수 없는 경우에는 제4방법, 제6방법의 순서에 따라 적용한다.

고14조(제1방법을 적용할 수 없는 수입물품)

제13조 본문에 따라 제1방법을 적용할 수 없는 경우는 다음 각 호의 어느 하나를 포함한다.

1. 영 제17조 각 호의 어느 하나에 해당하는 경우를 포함하여 제15조제1항에 따른 판매의 결과로 우리나라에 도착한 물품이 아닌 경우

2. 제15조제2항 및 법 제30조제1항 각 호 외의 부분 본문에 따른 우리나라에 수출하기 위한 판매(이하 "수출판매")를 확인할 수 없는 경우

3. 제16조제1항 각 호 및 법 제30조제1항 각 호 외의 부분 본문의 수입물품에 대하여 구매자가 실제로 지급하였거나 지급하여야 할 가격을 확인할 수 없는 경우

4. 법 제30조제1항 각 호 외의 부분 단서에 해당하는 경우

5. 법 제30조제3항 각 호의 어느 하나에 해당하는 경우

6. 법 제30조제5항 각 호의 어느 하나에 해당하는 경우

【권고1.1】
그럼에도 불구하고 수입물품의 거래가격이 관세평가 목적상 최대한 사용되어야 한다는 협정의 기본 취지에 따라, 해석과 적용의 통일성은 "판매(sale)"라는 용어를 가장 넓은 의미로 받아들임으로써 달성될 수 있으며, 이는 함께 해석되는 협정 제1조 및 제8조의 규정에 의해서만 결정된다.

고15조(수출판매의 범위)

① 법 제30조제1항 각 호 외의 부분 본문에서 판매는 각각 자기 책임과 계산으로 해당 수입물품에 대한 대가를 지급하고 소유권 이전을 목적으로 하는 구매자와 판매자 간의 거래를 말한다.

② 법 제30조제1항 각 호 외의 부분 본문에서 우리나라에 수출하기 위하여 판매되는 물품에 대한 가격은 해당 물품의 실제적인 국제 간 이동을 수반하는 거래로서 우리나라에 도착하기 직전에 이루어진 판매에서의 가격을 말한다.

〈보세구역 반입 후 인하되거나 전매된 가격〉
보세구역 반입 후 인하되거나 전매된 가격은 국내 거래가격이므로 수출 판매된 가격으로 인정할 수 없으며, 우리나라 수입항에 최초로 도착하는 시점까지의 가격을 수출판매 가격으로 본다.

【권고의견 14.1】 판매가 특정 수출국에서 발생할 필요는 없다. 수입자가 검토 중에 있는 직접적인 영향을 미치는 판매가 수입국으로 물품을 수출 할 목적으로 발생하였다는 것을 입증할 수 있다면 제1조(제1방법)가 적용될 수 있다.

【예해 22.1】 12. 제1조(제1방법)가 일반적으로 수입국의 구매자에 대한 판매를 기초로 하고 있음을 예견하고 있는 여러 가지 암시가 있다.

영 제17조(우리나라에 수출하기 위하여 판매되는 물품의 범위)

법 제30조제1항 본문에 따른 우리나라에 수출하기 위하여 판매되는 물품은 해당 물품을 우리나라에 도착하게 한 원인이 되는 거래를 통해 판매되는 물품으로 한다. 다만, 다음 각 호의 물품은 포함되지 않는다.

1. 무상으로 국내에 도착하는 물품

2. 국내 도착 후 경매 등을 통해 판매가격이 결정되는 위탁판매물품
   위탁판매 수입물품

3. 수출자의 책임으로 국내에서 판매하기 위해 국내에 도착하는 물품
   물품을 구매하지 않고 수입 후 물품을 판매하는 중개인(intermediaries)이 수입한 물품

4. 별개의 독립된 법적 사업체가 아닌 지점 등과의 거래에 따라 국내에 도착하는 물품

5. 임대차계약에 따라 국내에 도착하는 물품

6. 무상으로 임차하여 국내에 도착하는 물품
   송하인 소유로 남아있는 대여 물품

7. 산업쓰레기 등 수출자의 부담으로 국내에서 폐기하기 위해 국내에 도착하는 물품
   송하인이 수입자에게 용역의 대가를 지불하고, 수입국에서 폐기하기 위해 수입되는 물품(웨/스)

【관세법 제2조(정의)】

이 법에서 사용하는 용어의 뜻은 다음과 같다.

1. "수입"이란 외국물품을 우리나라에 반입(보세구역을 경유하는 것은 보세구역으로부터 반입하는 것을 말한다)하거나 우리나라에서 소비 또는 사용하는 것(우리나라의 운송수단 안에서의 소비 또는 사용을 포함하며, 제239조 각 호의 어느 하나에 해당하는 소비 또는 사용은 제외한다)을 말한다.

1. 구매자가 부담하는 수수료와 중개료. 다만, 구매수수료는 제외한다.

【해설 2.1】 수수료 및 중개료

대리인(종종 "중개자"로 일컫고 있음)은 가능한 한 자기의 명의로 물품을 구매하거나 판매하는 자이지만 항상 본인(principal)의 계산으로 구매하거나 판매하는 자이다. 대리인은 판매자 또는 구매자 중 어느 한쪽을 대신하여 판매계약 체결에 참여한다.

판매대리인은 판매자의 계산으로 행동하는 자로서, 고객을 물색하고 주문을 수집하며 어떤 경우에는 물품에 대한 보관 및 인도를 주선할 수도 있다.

구매 대리인은 구매자의 계산으로 행동하는 자로서, 공급자를 물색하고, 수입자의 요구사항을 판매자에게 알려주고, 샘플을 수집하고, 물품을 검사하며 어떤 경우에는 해당 물품의 보험, 운송, 보관 및 인도에 대한 주선과 관련한 용역을 구매자에게 제공한다.

영17조의2(구매수수료의 범위 등)

① 법 제30조제1항제1호 단서에 따른 구매수수료(이하 "구매수수료")는 해당 수입물품의 구매와 관련하여 외국에서 구매자를 대리하여 행하는 용역의 대가로서 구매자가 구매대리인에게 지급하는 비용으로 한다.

② 구매자가 구매대리인에게 지급한 비용에 구매수수료 외의 비용이 포함된 경우에는 그 지급한 비용 중 구매수수료에 해당하는 금액이 따로 구분하여 산정될 수 있는 경우에만 해당 금액을 구매수수료로 한다.

③ 세관장은 필요하다고 인정하는 경우 구매수수료에 관한 자료의 제출을 구매자에게 요청할 수 있다.

규3조의3(구매자를 대리하여 행하는 용역의 범위 등) 영 제17조의2제1항에 따른 구매자를 대리하여 행하는 용역은 구매자의 계산과 위험부담으로 공급자 물색, 구매 관련 사항 전달, 샘플수집, 물품검사, 보험·운송·보관 및 인도 등을 알선하는 용역으로 한다.

다만, 다음 각 호의 어느 하나에 해당하는 경우에는 그러하지 아니하다.

1. 구매대리인이 자기의 계산으로 용역을 수행하는 경우

2. 구매대리인이 해당 수입물품에 대하여 소유권 또는 그 밖의 이와 유사한 권리가 있는 경우

3. 구매대리인이 해당 거래나 가격을 통제하여 실질적인 결정권을 행사하는 경우

고17조(수수료 및 중개료) 법 제30조제1항제1호에서 "수수료와 중개료"란 다음 각 호를 말한다.

1. 수수료는 해당 수입물품을 구매 또는 판매함에 있어서 구매자 또는 판매자를 대리하여 행하는 용역의 대가로 구매자 또는 판매자가 지급하는 비용을 말한다.

2. 중개료는 판매자와 구매자를 위하여 거래알선 및 중개역할의 대가로 판매자 및 구매자가 지급하는 비용을 말한다.

---

2. 해당 수입물품과 동일체로 취급되는 용기의 비용과 해당 수입물품의 포장에 드는 노무비와 자재비로서 구매자가 부담하는 비용

고18조(용기 및 포장비용) 법 제30조제1항제2호에서 "해당 수입물품과 동일체로 취급되는 용기"란 관세율표의 해석에 관한 통칙 제5호에 따라 그 내용물과 함께 분류되는 케이스, 용기 및 포장용기 등을 말한다.

3. 구매자가 해당 수입물품의 생산 및 수출거래를 위하여 대통령령으로 정하는 물품 및 용역을 무료 또는 인하된 가격으로 직접 또는 간접으로 공급한 경우에는 그 물품 및 용역의 가격 또는 인하차액을 해당 수입물품의 총생산량 등 대통령령으로 정하는 요소를 고려하여 적절히 배분한 금액

고20조(생산지원금액의 가산방법)

영 제18조의2에 따라 생산지원 물품 및 용역의 가격(인하 차액을 포함한다)을 배분할 때에는 다음 각 호의 방법에 따른다.

1. 납세의무자는 영 제18조의2제2항에 따라 생산지원의 가격 전액을 최초로 수입되는 물품의 가격에 가산하는 때에는 법 제27조에 따라 최초로 수입되는 물품의 가격신고를 하는 때에 일시에 납부하고자 하는 생산지원의 가격 전액에 대한 산출기준 및 상세 계산내역을 세관장에게 제출하여야 한다.

2. 생산지원 용역이 생산지원 용역에 의해 생산된 수입물품과 국내생산물품에 함께 관련된 때에는 생산지원 용역의 가격에 생산지원 용역에 의해 생산된 전체물품의 가격 중에서 해당 수입물품의 가격이 차지하는 비율을 곱하여 산출한 금액(이하 "조정액"을 해당 수입물품의 가격에 가산한다.

3. 생산지원 용역이 생산지원 용역에 의해 생산된 수입물품과 국내생산물품에 함께 관련되고 또한 해당 수입물품이 여러 종류의 물품에 함께 관련되어 분할 수입되는 때에는 생산지원 용역의 가격을 해당 수입물품별로 가격에 따라 조정액을 안분하여 가산하며, 그 안분방법은 먼저 가산율을 산출하고 그 가산율을 해당 수입불품별 가격에 곱한다.

4. 제3호의 가산율 산정은 생산지원 용역에 의해 생산된 수입물품의 총가격에서 조정액이 차지하는 구성비로 계산한다.

5. 조정액 산출시에 적용하는 물품가격은 수입물품에 대하여는 실제지급가격으로 하고 국내생산물품에 대하여는 부가가치세가 포함되지 아니한 가격으로 한다.

영18조(무료 또는 인하된 가격으로 공급하는 물품 및 용역의 범위)

법 제30조제1항제3호에서 "대통령령으로 정하는 물품 및 용역"이란 구매자가 직접 또는 간접으로 공급하는 것으로서 다음 각 호의 어느 하나에 해당하는 것을 말한다.

1. 수입물품에 결합되는 재료·구성요소·부분품 및 그 밖에 이와 비슷한 물품

2. 수입물품의 생산에 사용되는 공구·금형·다이스 및 그 밖에 이와 비슷한 물품으로서 기획재정부령으로 정하는 것

3. 수입물품의 생산과정에 소비되는 물품

4. 수입물품의 생산에 필요한 기술·설계·고안·공예 및 디자인. 다만, 우리나라에서 개발된 것은 제외한다.

"우리나라에서 개발된"이라는 의미는 당해 용역이 수행된(carried out) 물리적인 장소가 우리나라라는 것을 의미하며, 계약이 체결된 장소나 개발자의 국적은 관계없다.

【사례연구 5.2】
수입자동차의 경주트랙에서의 성능검사를 위해 특수연료가 제공되었다면 생산과정에서 소비되는 물품으로 간주된다.

영18조의2(무료/인하된 가격으로 공급하는 물품·용역금액의 배분 등)

① 법 제30조제1항제3호에 따라 무료 또는 인하된 가격으로 공급하는 물품 및 용역의 금액(실제 거래가격을 기준으로 산정한 금액을 말하며 국내에서 생산된 물품 및 용역을 공급하는 경우에는 부가가치세를 제외하고 산정한다)을 더하는 경우 다음 각 호의 요소를 고려하여 배분한다.

1. 해당 수입물품의 총생산량 대비 실제 수입된 물품의 비율

2. 공급하는 물품 및 용역이 해당 수입물품 외의 물품 생산과 함께 관련되어 있는 경우 각 생산 물품별 거래가격(해당 수입물품 외의 물품이 국내에서 생산되는 경우에는 거래가격에서 부가가치세를 제외한다) 합계액 대비 해당 수입물품 거래가격의 비율

② 제1항에도 불구하고 납세의무자는 법 제30조제1항제3호에 따라 무료 또는 인하된 가격으로 공급하는 물품 및 용역의 가격 또는 인하차액 전액을 최초로 수입되는 물품의 실제로 지급하였거나 지급하여야 할 가격에 배분할 수 있다.

이 경우 수입되는 전체 물품에 관세율이 다른 여러 개의 물품이 혼재된 경우에는 전단에 따른 전액을 관세율이 다른 물품별로 최초로 수입되는 물품의 가격에 안분하여 배분한다.

규4조(무료 또는 인하된 가격으로 공급하는 물품 및 용역)

① 영 제18조제2호에서 "기획재정부령으로 정하는 것"이란 해당 수입물품의 조립·가공·성형 등의 생산과정에 직접 사용되는 기계·기구 등을 말한다.

② 영 제18조제4호의 규정에 의한 수입물품의 생산에 필요한 기술은 특허 기술·노하우 등 이미 개발되어 있는 기술과 새로이 수행하여 얻은 기술로 한다.

고19조(생산지원)

① 법 제30조제1항제3호에서 "해당 수입물품의 생산"이란 재배, 제조, 채광, 채취, 가공, 조립 등 해당 물품을 만들어 내거나 가치를 창출해내는 행위를 말한다.

② 구매자가 영 제18조의 생산지원 물품 및 용역의 생산에 필요한 요소를 제공한 경우에는 해당요소의 비용까지 과세가격에 포함한다.

③ 영 제18조제1호부터 제3호까지의 생산지원 물품에 영 제18조제4호의 생산지원 용역이 반영되어 있는 경우에는 해당 용역의 국내 수행 여부와 관계없이 생산지원 가격에 포함한다.

④ 영 제18조제2호의 "공구·금형·다이스"에는 수입물품의 생산에 직접 사용되는 종이로 만든 형태의 표본도 포함한다.

③ 영 제18조 각 호의 물품 및 용역의 가격은 다음 각 호의 구분에 따른 금액으로 결정한다.

1. **해당 물품 및 용역을 영 제23조제1항에 따른 특수관계가 없는 자로부터 구입 또는 임차하여 구매자가 공급하는 경우**
   : 그 구입 또는 임차하는 데에 소요되는 비용과 이를 생산장소까지 운송하는 데에 소요되는 비용을 합한 금액

2. **해당 물품 및 용역을 구매자가 직접 생산하여 공급하는 경우**
   : 그 생산비용과 이를 수입물품의 생산장소까지 운송하는 데에 소요되는 비용을 합한 금액

3. **해당 물품 및 용역을 구매자와 영 제23조제1항에 따른 특수관계에 있는 자로 부터 구입 또는 임차하여 공급하는 경우**
   : 다음 각 목의 어느 하나에 따라 산출된 비용과 이를 수입물품의 생산장소까지 운송하는 데에 소요되는 비용을 합한 금액
   가. 해당 물품 및 용역의 생산비용
   나. 특수관계에 있는 자가 해당 물품 및 용역을 구입 또는 임차한 비용

4. **수입물품의 생산에 필요한 기술·설계·고안·공예 및 의장("기술등")이 수입물품 및 국내생산물품에 함께 관련된 경우**
   : 당해 기술등이 제공되어 생산된 수입물품에 해당되는 기술등의 금액

【협정 제8조에 대한 주해-생산지원요소2】
수입자가 해당 요소를 과거에 사용한 경우에는, 그 수입자가 취득 또는 생산하였는지 여부와 상관없이, 당초의 취득 또는 생산 비용은 해당 요소의 가격을 결정하기 위하여 해당 요소의 사용분을 반영하여 하향 조정되어야 한다.

【협정 제8조에 대한 주해-생산지원요소4】
· 공공 영역에서 이용 가능한 요소에 대하여는 이들 복제물을 취득하는 비용을 제외하고는 가산되지 않는다.
· 해당 요소의 생산이 다수의 국가에 걸쳐 일정 시간 이상 관련되는 경우, 조정은 수입국 밖에서 해당 요소에 대하여 실제로 가산된 가격에 한정되어야 한다.

4. 특허권, 실용신안권, 디자인권, 상표권 및 이와 유사한 권리를 사용하는 대가로 지급하는 것으로서 대통령령으로 정하는 바에 따라 산출된 금액

고21조(권리사용료)

① 영 제19조제2항에 따라 권리사용료의 가산여부를 판단하는 경우 권리사용료가 지급되는 장소 또는 권리허락자의 소재지는 고려하지 않는다.

② 규칙 제4조의2제6호의 그 밖에 실질적으로 권리사용료에 해당하는 지급의무가 있고, 거래조건으로 지급된다고 인정할 만한 거래사실은 다음 각 호의 어느 하나를 포함한다.

1. 수입물품의 판매자와 권리사용료를 지급받는 자 또는 권리권자가 영 제23조제1항의 특수관계에 해당하는 경우

2. 특허권 등의 권리권자가 수입물품의 판매자를 선정 또는 지정하는 등 구매자에게 수입물품의 구매에 대한 실질적인 선택권이 없다고 인정되는 경우

3. 구매자가 특허권 등(상표권은 제외)의 권리권자로부터 수입물품과 관련된 특허권 등에 대한 전용실시권을 허락받아 판매자에게 그 특허권 등에 대한 통상실시권을 허락하고 구매자가 해당 권리권자에게 해당 특허권 등에 대한 권리사용료를 지급하는 경우

③ 권리사용료를 실제지급금액에 가산하는 경우 다음 각 호의 요건을 모두 충족하는 경우에 한하여 제20조의 가산방법을 준용할 수 있다.

1. 수입신고 1건당 가산할 권리사용료에 해당하는 세액이 5만원 미만이거나 납세의무자가 AEO승인(수입분야)업체인 경우

2. 납세의무자가 권리사용료 산출을 사유로 제6조에 따라 잠정가격신고를 하고 제8조에 따라 확정가격신고를 하는 경우

3. 납세의무자가 권리사용료에 대한 관세를 일시에 납부하고자 별지 18호서식의 확정가격 일관신고 신청서를 제출하는경우

※ 법령 본문에 '일관신고'라 기재되어 있으나 오타로 사료됨

영19조(권리사용료의 산출) ①법 제30조제1항제4호에서 "이와 유사한 권리"라 함은 다음 각호의 1에 해당하는 것을 말한다.

1. 저작권 등의 법적 권리

2. 법적 권리에는 속하지 아니하지만 경제적 가치를 가지는 것으로서 상당한 노력에 의하여 비밀로 유지된 생산방법 · 판매방법 기타 사업활동에 유용한 기술상 또는 경영상의 정보 등(이하 "영업비밀")

② 법 제30조제1항의 규정에 의하여 당해 물품에 대하여 구매자가 실제로 지급하였거나 지급하여야 할 가격에 가산하여야 하는 특허권 · 실용신안권 · 디자인권 · 상표권 및 이와 유사한 권리를 사용하는 대가(특정한 고안이나 창안이 구현되어 있는 수입물품을 이용하여 우리나라에서 그 고안이나 창안을 다른 물품에 재현하는 권리를 사용하는 대가를 제외하며, 이하 "권리사용료")는 당해 물품에 관련되고 당해 물품의 거래조건으로 구매자가 직접 또는 간접으로 지급하는 금액으로 한다.

> **【통칙30-0-5조】** 특정한 고안이나 창안이 구현되어 있는 수입물품이 우리나라에서 재현하는 데에만 사용되고 수입물품 자체가 판매되거나 분배되지 않는 경우, 재현하는 권리 이외의 판매권 등은 의미 없는 공허한 권리에 불과하므로 이러한 수입물품에 대한 권리사용료는 과세대상이 아니다.
>
> **【예해 19.1】재현생산권에 대한 판단지침**
> (a) 수입물품에 아이디어 또는 원작이 체화되어 있는지 여부
> (b) 아이디어 또는 작품의 재현생산이 보호받는 권리의 대상인지 여부
> (c) 재현생산하는 권리가 판매계약 또는 별도의 계약을 통하여 구매자에게 양도되었는지 여부
> (d) 보호받는 권리의 보유자가 재현생산하는 권리의 양도에 대해 대가를 요구하고 있는지 여부

③ 제2항의 규정을 적용함에 있어서 다음 각호의 1에 해당하는 경우에는 권리사용료가 당해 물품과 관련되는 것으로 본다.

1. 권리사용료가 특허권에 대하여 지급되는 때에는 : 수입물품이 다음 각목의 1에 해당하는 물품인 경우
    가. 특허발명품
    나. 방법에 관한 특허에 의하여 생산된 물품
    다. 국내에서 당해 특허에 의하여 생산될 물품의 부분품 · 원재료 또는 구성요소로서그 자체에 당해 특허의 내용의 전부 또는 일부가 구현되어 있는 물품
    라. 방법에 관한 특허를 실시하기에 적합하게 고안된 설비 · 기계 및 장치(그 주요특성을 갖춘 부분품 등을 포함한다)

2. 권리사용료가 디자인권에 대하여 지급되는 때에는 : 수입물품이 당해 디자인을 표현하는 물품이거나 국내에서 당해 디자인권에 의하여 생산되는 물품의 부분품 또는 구성요소로서 그 자체에 당해 디자인의 전부 또는 일부가 표현되어 있는 경우

3. 권리사용료가 상표권에 대하여 지급되는 때에는 : 수입물품에 상표가 부착되거나 희석 · 혼합 · 분류 · 단순조립 · 재포장 등의 경미한 가공후에 상표가 부착되는 경우

4. 권리사용료가 저작권에 대하여 지급되는 때에는 : 수입물품에 가사 · 선율 · 영상 · 컴퓨터소프트웨어 등이 수록되어 있는 경우

5. 권리사용료가 실용신안권 또는 영업비밀에 대하여 지급되는 때에는 : 당해 실용신안권 또는 영업비밀이 수입물품과 제1호의 규정에 준하는 관련이 있는 경우

6. 권리사용료가 기타의 권리에 대하여 지급되는 때에는 : 당해 권리가 수입물품과 제1호 내지 제5호의 규정중권리의 성격상 당해 권리와 가장 유사한 권리에 대한 규정에 준하는 관련이 있는 경우

④ 제2항을 적용할 때 컴퓨터소프트웨어에 대하여 지급되는 권리사용료는 컴퓨터소프트웨어가 수록된 마그네틱테이프 · 마그네틱디스크 · 시디롬 및 이와 유사한 물품[법 별표 관세율표 번호(이하 "관세율표 번호")제8523호에 속하는 것으로 한정]과 관련되지 아니하는 것으로 본다.

⑤ 제2항의 규정을 적용함에 있어서 다음 각호의 1에 해당하는 경우에는 권리사용료가 당해 물품의 거래조건으로 지급되는 것으로 본다.
1. 구매자가 수입물품을 구매하기 위하여 판매자에게 권리사용료를 지급하는 경우
2. 수입물품의 구매자와 판매자간의 약정에 따라 구매자가 수입물품을 구매하기 위하여 당해 판매자가 아닌 자에게 권리사용료를 지급하는 경우
3. 구매자가 수입물품을 구매하기 위하여 판매자가 아닌 자로부터 특허권 등의 사용에 대한 허락을 받아 판매자에게 그 특허권 등을 사용하게 하고 당해 판매자가 아닌 자에게 권리사용료를 지급하는 경우

⑥ 제2항을 적용할 때 구매자가 지급하는 권리사용료에 수입물품과 관련이 없는 물품이나 국내 생산 및 그 밖의 사업 등에 대한 활동 대가가 포함되어 있는 경우에는 전체 권리사용료 중 수입물품과 관련된 권리사용료만큼 가산한다.이 경우 관세청장은 필요한 계산식을 정할 수 있다.

규4조의2(권리사용료의 산출)

구매자가 수입물품과 관련하여 판매자가 아닌 자에게 권리사용료를 지급하는 경우 그 권리사용료가 영 제19조제2항에 따른 해당 물품의 거래조건에 해당하는지를 판단할 때에는 다음 각 호를 고려해야 한다.

1. 물품판매계약 또는 물품판매계약 관련 자료에 권리사용료에 대해 기술한 내용이 있는지 여부

2. 권리사용계약 또는 권리사용계약 관련 자료에 물품 판매에 대해 기술한 내용이 있는지 여부

3. 물품판매계약 · 권리사용계약 또는 각각의 계약 관련 자료에 권리사용료를 지급하지 않는 경우 물품 판매계약이 종료될 수 있다는 조건이 있는지 여부

4. 권리사용료가 지급되지 않는 경우 해당 권리가 결합된 물품을 제조 · 판매하는 것이 금지된다는 조건이 권리사용계약에 있는지 여부

5. 상표권 등 권리의 사용을 허락한 자가 품질관리 수준을 초과하여 우리나라에 수출하기 위해 판매되는 물품의 생산 또는 판매 등을 관리할 수 있는 조건이 권리사용계약에 포함되어 있는지 여부

6. 그 밖에 실질적으로 권리사용료에 해당하는 지급의무가 있고, 거래조건으로 지급된다고 인정할 만한 거래사실이 존재하는지 여부

【사례연구 8.1】

권리사용계약을 체결하고 판매자에게 무상으로 제공하는 패턴지

【사례연구 8.2】

권리사용계약을 체결하고 판매자에게 무상으로 제공하는 마스터테이프

관세평가 법령집 **14**

고제22조(권리사용료 산출방법)

① 영 제19조제6항의 "계산식"이란 다음 각 호를 말한다.

1. 수입물품이 완제품(수입후 경미한 조립, 혼합, 희석, 분류, 가공 또는 재포장 등의 작업이 이루어지는 경우를 포함한다)인 경우에는 이와 관련하여 총지급 권리사용료 전액을 가산한다.

2. 수입물품이 국내에서 생산될 물품의 부분품, 원재료, 구성요소 등(이하 "수입부분품 등"이라 한다)이라도 해당 권리가 수입물품에만 관련되는 경우에는 이와 관련하여 총지급 권리사용료 전액을 가산한다. 다만, 총지급 권리사용료가 수입부분품 등 뿐만 아니라 국내에서 생산될 완제품 전체와 관련된 경우에는 총지급 권리사용료에 완제품의 가격(제조원가에서 세금 및 권리사용료를 제외한 금액을 말한다) 중 수입부분품 등의 가격이 차지하는 비율을 곱하여 산출된 권리사용료 금액을 가산한다.

3. 수입물품이 방법에 관한 특허를 실시하기에 적합하게 고안된 설비, 기계 및 장치(그 주요특성을 갖춘 부분품 등을 포함한다)인 경우에는 이와 관련하여 총지급 권리사용료 전액을 가산한다. 다만, 총지급 권리사용료는 특정한 완제품을 생산하는 전체방법이나 제조공정에 관한 대가이고, 수입하는 물품은 그 중 일부공정을 실시하기 위한 설비 등인 경우에는 총지급 권리사용료에 권리사용료와 관련이 있는 전체 설비 등의 가격 중 권리사용료와 관련이 있는 수입설비 등의 가격이 차지하는 비율을 곱하여 산출된 금액을 가산한다.

4. 권리사용료의 지급원인이 되는 물품이 장기간 반복하여 수입되는 경우에는 권리사용료의 안분을 위한 조정액과 가산율은 다음 각 목이 정하는 바에 따라 산출한다.

   가. 수입물품이 제2호 단서에 해당하는 물품인 경우

   · 조정액 = 총지급 권리사용료 × [수입부분품 등의 가격 / 완제품가격(세금 및 권리사용료 제외)]

   · 가산율 = 조정액 / 수입부분품 등의 가격

   나. 수입물품이 제3호 단서에 해당하는 물품인 경우

   · 조정액 = 총지급 권리사용료 × (수입설비 등의 가격 / 전체 설비 등의 가격)

   · 가산율 = 조정액 / 수입설비 등의 가격

② 제1항에 따라 총지급 권리사용료를 계산하려는 경우에는 다음 각 호에 따른다.

1. 제1항의 총지급 권리사용료는 영 제19조제6항에 따라 수입물품과 관련이 없는 그 밖의 사업 등에 대한 활동 대가를 공제한 금액을 말한다. 다만, 객관적이고 수량화할 수 있는 자료에 근거하여 계산할 수 있는 경우에 한정한다.

2. 권리사용 계약에 따라 지급하여야 할 권리사용료에 대한 원천징수세액을 포함한다.

3. 권리사용료가 수입물품을 사용하여 생산된 제품의 생산량 또는 판매량에 따라 장기간에 걸쳐 지급되는 경우에는 해당 수입물품의 사용연수, 생산능력 및 생산되는 제품의 수요 상황 등을 고려하여 객관적이고 수량화할 수 있는 자료를 근거로 합리적으로 산출할 수 있다.

> **【권고의견 4.16】 원천징수세액 포함 근거**
> - 구매자가 지불하여야 할 로열티는 과세가격의 일부가 되며, 이 로열티는 라이센서가 최종적으로 수령하는 로열티라고 규정하지 않는다.
> - 제1조에 대한 주해제3항(c)에서는 "수입국의 관세 및 제세"를 과세가격에 포함하지 않는다. 이는 로열티 소득에 대해 적용되는 조세 보다는 물품의 수입에 대해 부과되는 국내 조세와 관련이 있다.

③ 제1항에 따라 권리사용료를 계산할 때 수입물품의 가격은 다음 각 호에 따른다.

1. 수입물품의 가격은 가산하려는 권리사용료를 제외하고 법 제30조제1항 각 호의 금액을 더한 거래가격을 말한다.

2. 제1항제4호가목의 수입부분품 등의 가격은 일반적으로 인정된 회계원칙에 따라 작성된 회계보고서 등에 따라 일정기간 동안 완제품의 가격에 포함된 수입원재료의 가격을 말한다.

④ 제1항에 따라 권리사용료를 계산할 때 제1항제2호 및 제4호가목에 따른 완제품의 가격은 다음 각 호에 따른다.

1. 완제품가격에서 제조원가는 직접재료비(수입원재료와 국내원재료를 포함한다)에 직접노무비 및 제조간접비를 더한 금액으로 판매비와 관리비, 이윤 등은 포함되지 않는다.

2. 완제품가격에서 제외되는 세금에는 관세, 부가가치세 등을 포함한다. 다만, 완제품의 제조원가에 세금이 포함되어 있는 경우에만 해당한다.

3. 제1항제4호가목에 따른 조정액을 계산할 때 완제품가격에서 제외되는 권리사용료는 일반적으로 인정된 회계원칙에 따라 제조원가에 반영된 권리사용료를 말한다.

5. 해당 수입물품을 수입한 후 전매·처분 또는 사용하여 생긴 수익금액 중 판매자에게 직접 또는 간접으로 귀속되는 금액

영19조의2(수입물품을 전매·처분 또는 사용하여 생긴 수익금액의 범위)

법 제30조제1항제5호에서 "해당 수입물품을 수입한 후 전매·처분 또는 사용하여 생긴 수익금액"이란 해당 수입물품의 전매·처분대금, 임대료 등을 말한다. 다만, 주식배당금 및 금융서비스의 대가 등 수입물품과 관련이 없는 금액은 제외한다.

고23조(사후귀속이익)

법 제30조제1항제5호에 따른 해당 수입물품을 수입한 후 전매·처분 또는 사용하여 생긴 수익금액은 해당 수입물품과의 거래조건 해당 여부와 관계없이 과세가격에 가산한다.

【대법원 판례】관세법 등에서 규정하는 사후귀속이익은 수입물품의 대가로서 이를 가산하여 수입물품의 과세가격을 산정하려는 것이라는 점에서, 수입물품 자체뿐만 아니라 수입물품을 가공하거나 이를 원료로 사용하여 만든 제품의 판매에 따른 수익금액 중 판매자에게 귀속되는 금액도 수입물품의 대가로서 사후귀속이익에 해당한다. 다만, 이 경우 수입물품만을 기초로 한 객관적이고 수량화할 수 있는 자료에 근거하여 산정된 것에 한정한다.

---

6. 수입항까지의 운임·보험료와 그 밖에 운송과 관련되는 비용으로서 대통령령으로 정하는 바에 따라 결정된 금액.

다만, 기획재정부령으로 정하는 수입물품의 경우에는 이의 전부 또는 일부를 제외할 수 있다.

고26조(보험료)

① 보험료는 수입물품에 대하여 실제로 보험에 가입된 경우에만 실제지급가격에 가산한다.

② 보험료는 영 제20조제1항에 따라 해당 사업자가 발급한 보험료명세서 또는 이에 갈음할 수 있는 서류에 근거하여 계산한다. 다만, 포괄예정보험에 따른 경우에는 다음 각 호의 이느 하나의 방법으로 계산한다.

1. 수입신고시에 보험사업자가 발행한 보험료명세서를 제출하는 경우에는 이를 보험료로 계산한다.

2. 보험료명세서로 보험료를 계산할 수 없는 경우에는 보험사업자가 발급한 보험예정서류에 근거해 잠정계산하고 보험료가 확정되면 즉시 실제지급한 보험료명세서에 따라 확정 신고한다.

3. 제1호 및 제2호에도 불구하고 수입자는 포괄예정보험이 적용되는 최초 수입물품의 수입신고시에 포괄예정보험료 전액을 가산하여 잠정신고할 수 있으며, 보험료가 확정된 경우에는 최초 수입물품에 가산하여 확정 신고할 수 있다.

고25조(통상운임) 영 제20조제4항의 "선박회사등이 통상적으로 적용하는 운임"이란 해당 물품의 종류, 수량 및 운송조건(운송수단의 종류와 운송경로 등을 말한다)을 고려하여 통상 필요하다고 인정되는 수입항까지의 운송을 위한 운임 등을 말한다.

고24조(운임 및 운송관련비용)

① 법 제30조제1항제6호, 법 제30조제2항제2호, 법 제33조제1항제3호 및 법 제34조제1항제3호에서 "수입항"이란 해당 수입물품이 외국에서 우리나라에 도착한 운송수단으로부터 양륙(일시 양륙은 제외한다)이 이루어지는 항구 또는 공항을 말한다.

② 영 제20조제5항에서 "수입항에 도착하여 본선하역준비가 완료될 때"란 수입물품의 양륙을 할 수 있는 상태가 된 때를 말한다. 이 경우 항해용선계약에서는 「상법」 제838조제1항에 따른 통지를 발송한 때를 말한다.

영20조(운임 등의 결정)

① 법 제30조제1항제6호의 규정에 의한 운임 및 보험료는 당해 사업자가 발급한 운임명세서·보험료명세서 또는 이에 갈음할 수 있는 서류에 의하여 산출한다.

② 제1항에 따라 운임 및 보험료를 산출할 수 없는 경우의 운임 및 보험료는 운송거리·운송방법 등을 고려하여 기획재정부령으로 정하는 바에 따라 산출한다.

③ 기획재정부령으로 정하는 물품이 항공기로 운송되는 경우에는 제1항에도 불구하고 해당 물품이 항공기 외의 일반적인 운송방법에 의하여 운송된 것으로 보아 기획재정부령으로 정하는 바에 따라 운임 및 보험료를 산출한다.

④ 다음 각 호의 어느 하나에 해당하는 물품의 운임이 통상의 운임과 현저하게 다른 때에는 제1항에도 불구하고 법 제225조제1항에 따른 **선박회사 또는 항공사(그 업무를 대행하는 자를 포함한다. 이하 이 항에서 "선박회사등"이라 한다)가 통상적으로 적용하는 운임**을 해당 물품의 운임으로 할 수 있다.

1. 수입자 또는 수입자와 특수관계에 있는 선박회사등의 운송수단으로 운송되는 물품

2. 운임과 적재수량을 특약한 항해용선계약에 따라 운송되는 물품(실제 적재수량이 특약수량에 미치지 아니하는 경우를 포함한다)

3. 기타 특수조건에 의하여 운송되는 물품

⑤ 법 제30조제1항제6호 본문에 따른 금액은 해당 수입물품이 수입항에 도착하여 본선하역준비가 완료될 때까지 발생하는 비용으로 한다.

(개정전: 수입자가 부담하는 비용을 말한다.)

⑥ 제3항에 따라 산출된 운임 및 보험료를 적용받으려는 납세의무자는 해당 물품에 대하여 법 제27조에 따른 가격신고를 할 때 해당 물품이 제3항에 따른 기획재정부령으로 정하는 물품에 해당됨을 증명하는 자료를 세관장에게 제출해야 한다.

다만, 과세가격 금액이 소액인 경우 등으로서 세관장이 자료 제출이 필요하지 않다고 인정하는 경우는 제외한다.

본선하역준비완료통지 (NoR: Notice of Readiness)

국제무역선 국내 도착 → 하역준비완료통지 → 부두 접안 → 하역 시작 → 하역 종료

규4조의3(운임 등의 결정)

① 영 제20조제2항에 따른 운임은 다음 각 호에 따른다.

1. 법 제241조제2항제3호의2가목에 따른 운송수단이 외국에서 우리나라로 운항하여 수입되는 경우: 해당 운송수단이 수출항으로부터 수입항에 도착할 때까지의 연료비, 승무원의 급식비, 급료, 수당, 선원 등의 송출비용 및 그 밖의 비용 등 운송에 실제로 소요되는 금액

2. 하나의 용선계약으로 여러가지 화물을 여러 차례에 걸쳐 왕복운송하거나 여러가지 화물을 하나의 운송계약에 따라 일괄운임으로 지급하는 경우: 수입되는 물품의 중량을 기준으로 계산하여 배분한 운임. 다만, 수입되는 물품의 중량을 알 수 없거나 중량을 기준으로 계산하는 것이 현서히 물합리한 경우에는 가격를 기순으로 계산하여 배분한 운임으로 한다.

3. 운송계약상 선적항 및 수입항의 구분 없이 총 허용정박 시간만 정하여 체선료(滯船料) 또는 조출료(무出料)의 발생장소를 명확히 구분할 수 없는 경우: 총 허용정박 시간을 선적항과 수입항에서의 허용 정박시간으로 반반(半分)하여 계산된 선적항에서의 체선료를 포함한 운임. 이 경우 실제 공제받은 조출료는 운임에 포함하지 않는다.

4. 법 제254조의2제6항에 따라 통관하는 탁송품으로서 그 운임을 알 수 없는 경우: 관세청장이 정하는 탁송품 과세운임표에 따른 운임

② 영 제20조제3항에서 "기획재정부령으로 정하는 물품"이란 다음 각 호의 어느 하나에 해당하는 물품을 말한다.

1. 무상으로 반입하는 상품의 견본, 광고용품 및 그 제조용 원료로서 운임 및 보험료를 제외한 총 과세가격이 20만원 이하인 물품

2. 수출물품의 제조·가공에 사용할 외화획득용 원재료로서 세관장이 수출계약의 이행에 필요하다고 인정하여 무상으로 반입하는 물품

3. 계약조건과 다르거나 하자보증기간 안에 고장이 생긴 수입물품을 대체·수리 또는 보수하기 위해 무상으로 반입하는 물품

4. 계약조건과 다르거나 하자보증 기간 안에 고장이 생긴 수입물품을 외국으로 반출한 후 이를 수리하여 무상으로 반입하는 물품으로서 운임 및 보험료를 제외한 총 과세가격이 20만원 이하인 물품

5. 계약조건과 다르거나 하자보증 기간 안에 고장이 생긴 수출물품을 수리 또는 대체하기 위해 무상으로 반입하는 물품

고24조(운임 및 운송관련비용)

③ 법 제30조제1항제6호에 따른 금액은 해당 수입물품을 수입항까지 운송하기 위하여 실제로 드는 비용으로서, 다음 각 호의 금액을 말한다.

1. 수입물품을 운송계약에 따라 운송하는 때에는 : 해당 운송계약에 의하여 해당 운송의 대가로서 운송인 또는 운송주선인 등에게 실제로 지급되는 금액을 말한다.
2. 수입물품을 용선계약에 따라 운송하는 때에는 : 해당 용선계약에 의하여 실제로 지급되는 모든 금액(공선회조료를 포함한다)

④ 제3항에 따른 금액은 다음 각 호의 어느 하나에 따른 방법으로 결정한다.

1. 수입물품을 운송하기 위한 선적자재비 및 선박개장비를 지급한 경우에는 : 동 비용을 포함한다.
2. 수입물품의 운임에 수입항에서의 하역비가 포함되어 있고 그 금액이 구분 표시되어 있는 경우에는 동 하역비는 과세가격에 포함하지 아니한다.
3. 구매자(수입자 포함)가 부담하는 선적항에서의 체선료는 과세가격에 포함하며, 선적항에서의 조출료를 공제받은 경우에는 이를 과세가격에 포함하지 아니한다. 다만, 조출료는 수입통관시에 그 금액을 확인할 수 있는 경우에 한하되, 잠정가격신고의 경우 확정가격 신고일까지 그 금액을 확인할 수 있는 서류제출에 의하여 과세가격에 포함하지 아니한다.
4. 항해용선계약에서 수입물품의 운임과 구분되는 수입항에서의 체선료는 과세가격에 포함하지 아니하고 수입항에서의 조출료는 과세가격에서 공제하지 아니한다.
5. 컨테이너에 의한 문전배달형태(Door to Door)의 운송계약의 경우에 그 운송료가 구분되는 때에는 수입항 도착 이후의 운송료는 과세가격에 포함하지 아니한다.
6. 컨테이너 임차료가 운임과 별도로 지급되는 경우에는 컨테이너의 임차에 소요되는 비용은 과세가격에 포함한다.
7. 수입항에서의 도선료, 예선료, 강취료가 수입물품의 운임과 구분되는 경우에는 이를 과세가격에 포함하지 아니한다.
8. 규칙 제4조의3제1항제4호의 탁송품 과세운임표에 따른 운임은 별표 제1호와 같다. 이 경우 규칙 제4조의3제1항제4호에서 "운임을 알 수 없는 경우"란 수입신고를 할 때 운임명세서 또는 이에 갈음할 수 있는 서류에서 수입항까지의 운임을 구분할 수 없는 경우를 말한다.

⑤ 제3항에 따른 운임 등은 실제지급가격에 포함되어 있지 않은 범위 내에서 해당 실제지급가격에 가산한다. 이 경우 해당 운임 등이 실제지급가격에 포함되어 있는지 여부에 대한 판단은 다음 각 호에 따른다.

1. 수출판매 계약에 따라 수입항까지의 운임 등을 판매자가 지급하기로 한 경우에는 실제지급가격에 포함되어 있는 것으로 취급하여, 실제로 지급되는 운임 등을 고려하지 않는다. 다만, 구매자가 실제지급가격과 별도로 지급하는 수입항까지의 운임 등은 실제지급가격에 가산한다.
2. 수출판매 계약에 따라 수입항까지의 운임 등을 구매자가 지급하기로 한 경우에는 실제지급가격에 포함되어 있지 않은 것으로 취급하여, 해당 수입항까지의 운임 등을 실제지급가격에 가산한다.
3. 수출판매 계약에 따라 선박으로 운송하기로 한 수입물품이 항공으로 운송된 경우(규칙 제4조의3제2항의 적용을 받는 경우는 제외)에는 다음 각 목에 따른다.

   가. 해당 계약에 따라 판매자가 수입항까지의 운임 등을 지급하기로 한 경우: 해당 운송방법의 변경에 따른 비용을 구매자가 지급하는 때에는 실제지급가격에 가산하며, 판매자가 지급하는 때에는 실제지급가격에 포함된 것으로 취급한다.

   나. 해당 계약에 따라 구매자가 수입항까지의 운임 등을 지급하기로 한 경우: 해당 운송방법의 변경에 따른 비용은 실제지급가격에 가산한다.

   다. 나목에도 불구하고 해당 운송방법의 변경에 따른 비용을 당초 계약의 약정에 따라 판매자가 지급한 사실이 객관적인 자료로 확인되는 경우에는 실제지급가격에 포함되어 있는 것으로 취급한다.

본선하역준비완료 통지 이후의 비용
- 도선료(선박을 안전한 수로로 안내하는 용역에 대한 비용),
- 예선료(독항력이 없는 타선을 예인하기 위한 예인선 사용료),
- 강취료(선박을 부두에 고정하는 비용)

과세기준점인 수입항 '하역준비 완료'의 의미를 '하역순비완료 통지' 시점으로 규정함에따라 수입국에서 발생하는 도선료, 예선료, 강취료가 비가산 됨

6. 신문사, 방송국 또는 통신사에서 반입하는 뉴스를 취재한 사진필름, 녹음테이프 및 이와 유사한 취재물품
7. 우리나라의 거주자가 받는 물품으로서 자가 사용할 것으로 인정되는 것 중 운임 및 보험료를 제외한 총 과세가격이 20만원 이하인 물품
8. 제48조의2제1항에 따른 우리나라 국민, 외국인 또는 재외영주권자가 입국할 때 반입하는 이사화물로서 운임 및 보험료를 제외한 총 과세가격이 50만원 이하인 물품
9. 여행자가 휴대하여 반입하는 물품
10. 항공사가 자기 소유인 운송수단으로 운송하여 반입하는 항공기용품과 외국의 본사 또는 지사로부터 무상으로 송부받은 해당 운송사업에 사용할 소모품 및 사무용품
11. 항공기 외의 일반적인 운송방법으로 운송하기로 계약된 물품으로서 해당 물품의 제작 지연, 그 밖에 수입자의 귀책사유가 아닌 사유로 수출자가 그 운송방법의 변경에 따른 비용을 부담하고 항공기로 운송한 물품
12. 항공기 외의 일반적인 운송방법으로 운송하기로 계약된 물품으로서 천재지변이나 영 제2조제1항 각 호에 해당하는 사유로 운송수단을 변경하거나 해외 거래처를 변경하여 항공기로 긴급하게 운송하는 물품

③ 제2항 각 호의 물품은 다음 각 호의 구분에 따라 운임을 산출한다. 이 경우 다음 각 호의 적용 운임이 실제 발생한 항공운임을 초과하는 경우에는 해당 항공운임을 적용한다.

1. 제2항제1호부터 제9호까지의 물품: 우리나라에서 적용하고 있는 **선편소포우편물요금표**에 따른 요금. 이 경우 물품의 중량이 선편소포우편물요금표에 표시된 최대중량을 초과하는 경우에는 최대중량의 요금에 최대중량을 초과하는 중량에 해당하는 요금을 가산하여 계산한다.

2. **제2항제10호부터 제12호까지의 물품: 법 제225조제1항에 따른 선박회사(그 업무를 대행하는 자를 포함한다)가 해당 물품에 대해 통상적으로 적용하는 운임**

④ 영 제20조제3항에 따른 제2항 각 호의 물품에 대한 보험료는 보험사업자가 통상적으로 적용하는 항공기 외의 일반적인 운송방법에 대한 보험료로 계산할 수 있다.

② 제1항 각 호 외의 부분 본문에서 "구매자가 실제로 지급하였거나 지급하여야 할 가격"이란 해당 수입물품의 대가로서 구매자가 지급하였거나 지급하여야 할 총금액을 말하며, 구매자가 해당 수입물품의 대가와 판매자의 채무를 상계하는 금액, 구매자가 판매자의 채무를 변제하는 금액, 그 밖의 간접적인 지급액을 포함한다.

....

다만, 구매자가 지급하였거나 지급하여야 할 총금액에서 다음 각 호의 어느 하나에 해당하는 금액을 명백히 구분할 수 있을 때에는 그 금액을 뺀 금액을 말한다.

1. 수입 후에 하는 해당 수입물품의 건설, 설치, 조립, 정비, 유지 또는 해당 수입물품에 관한 기술지원에 필요한 비용
2. 수입항에 도착한 후 해당 수입물품을 운송하는 데에 필요한 운임·보험료와 그 밖에 운송과 관련되는 비용
3. 우리나라에서 해당 수입물품에 부과된 관세 등의 세금과 그 밖의 공과금
4. 연불조건의 수입인 경우에는해당 수입물품에 대한 연불이자

【권고의견 2.1】

(동종·동질 물품에 대한 일반적인 시장가격보다 낮은 가격의 인정 여부)
위원회는 이 문제를 검토하였으며, 가격이 동종·동질 물품의 일반적인 시장가격보다 낮다는 단순한 사실이 해당 가격을 제1조의 목적상 부인하는 이유가 되지 않아야 한다고 결론

【사례연구 12.1】

(제조원가 이하로 수출 판매된 물품에 대한 평가협정 제1조의 적용)
가격이 판매자의 생산비용보다 낮고 판매자에게 이익이 남지 않는다는 단순한 사실이 거래가격을 부인할 충분한 근거는 되지 않는다.

영20조의2(간접지급금액 등)

① 법 제30조제2항 각 호 외의 부분 본문의 "그 밖의 간접적인 지급액"에는 다음 각 호의 금액이 포함되는 것으로 한다.

1. 수입물품의 대가 중 전부 또는 일부를 판매자의 요청으로 제3자에게 지급하는 경우 그 금액
2. 수입물품의 거래조건으로 판매자 또는 제3자가 수행해야 하는 하자보증을 구매자가 대신하고 그에 해당하는 금액을 할인받았거나 하자보증비 중 전부 또는 일부를 별도로 지급하는 경우 그 금액
3. 수입물품의 거래조건으로 구매자가 외국훈련비, 외국교육비 또는 연구개발비 등을 지급하는 경우 그 금액
4. 그 밖에 일반적으로 판매자가 부담하는 금융비용 등을 구매자가 지급하는 경우 그 금액

② 법 제30조제1항 각 호의 가산금액 외에 구매자가 자기의 계산으로 행한 활동의 비용은 같은 조 제2항 각 호 외의 부분 본문의 "그 밖의 간접적인 지급액"으로 보지 않는다.

③ 법 제30조제2항제4호에 따라

구매자가 지급하였거나 지급하여야 할 총금액에서 수입물품에 대한 연불이자를 빼는 경우는 해당 연불이자가 다음 각 호의 요건을 모두 갖춘 경우로 한다.

1. 연불이자가 수입물품의 대가로 실제로 지급하였거나 지급하여야 할 금액과 구분될 것
2. 금융계약이 서면으로 체결되었을 것
3. 해당 물품이 수입신고된 가격으로 판매되고, 그 이자율은 금융이 제공된 국가에서 당시 금융거래에 통용되는 수준의 이자율을 초과하지 않을 것

* 하자보증과 유지보수의 차이점

	하자보증	유지보수
개념	보증은 통상 자동차와 전자기기와 같은 품목에 대한 "품질보증의 한 형태"로서 일정조건을 부합하는 경우, 보증 책임자가 보수 또는 대체에 필요한 비용을 부담하는 것. 특정한 조건에 부합하지 않는 경우 보증은 취소될 수 있다	유지는 산업설비, 장비 등의 물품이 구매목적에 부합하는 기능을 수행할 수 있는 일정기준을 유지하도록 보장하기 위한 물품에 대한 "예방적 조치의 한 형태"
대상	생산과정의 내재적 하자	생산과정과 무관한 하자
기간	통상적으로 요구되는 일정기간	하자보증기간 경과후 내구연한 동안
성격	우발적 발생	항시 수행되는 예방적 조치
계약	하자보증계약에 따라	유지보수계약에 따라
비용	원가의 일부(수입 이전)	수입 이후의 발생비용
판단	관련성과 거래조건성을 고려하여 실제 지급가격에 포함	실제지급가격과 명백히 구분되는 경우 공제

고16조(실제지급가격)

① 법 제30조제1항 각 호 외의 부분 본문에서 "구매자가 실제로 지급하였거나 지급하여야 할 가격"(이하 "실제지급가격")은 다음 각 호의 금액을 포함한다.

1. 해당 수입물품에 대하여 구매자가 판매자에게 또는 판매자의 이익을 위하여 제3자에게 실제 지급하였거나 지급하여야 할 모든 금액
2. 해당 수입물품의 판매조건으로 구매자가 판매자에게 또는 판매자의 의무를 이행하기 위하여 제3자에게 실제 지급하였거나 지급하여야 할 모든 금액

② 해당 수입물품이 우리나라에 도착한 이후에 구매자와 판매자 간에 이루어지는 가격에 대한 환불, 감액 등은 실제지급가격을 결정할 때 고려되지 않는다. 다만, 해당 수입물품이 우리나라에 도착하기 이전에 규칙 제3조제3항제3호 각 목의 요건을 모두 충족하는 가격조정약관이 유효하게 존재하고 해당 수입물품의 가격이 해당 가격조정약관에 따른 경우에는 그렇지 않다.

시행규칙 제3조 제3항 제3호

3. 수입 후에 수입물품의 가격이 확정되는 경우로서 다음 각 목의 요건을 모두 충족하는 경우

가. 수입 이전에 거래 당사자간의 계약에 따라 최종 거래가격 산출공식이 확정되어 있을 것
나. 최종 거래가격은 수입 후 발생하는 사실에 따라 확정될 것
다. 수입 후 발생하는 사실은 거래 당사자가 통제할 수 없는 변수에 기초할 것

예해 4.1 PRC(Price review clauses) 유형

1. 물품이 최초의 발주 이후 상당한 기간이 지나 인도된 경우(예를 들면, 특별히 주문 제작되는 플랜트 및 자본설비 등)이다.
2. 주문된 물품의 수량이 일정기간에 걸쳐 제조되고 인도된다
3. 물품 가격은 잠정적으로 결정되지만, 판매계약의 규정에 따라 최종적인 정산은 인도시점의 검사 또는 분석에 따르는 경우 (예를 들면, 식물성 기름의 산성도, 광석의 금속함 유량 또는 양모의 청결 정도 등).

* 관세법령과 협의 연불이자 공제요건 비교【결정 3.1】

공통점: 모두 연불이자에 대한 3가지 공제요건은 동일
차이점 (W협정에만 有)

① "구매자에 의해 체결된 금융약정 하에서의, 수입물품 구매와 관련되어 발생" 하는 이자비용
② 금융이 판매자, 은행 또는 기타 자연인/법인 등누구에 의해 제공되었는지를 불문하고 적용
③ 적절한 경우, 1방 外 평가방법에서도 적용

【권고의견 3.1】

(협정 제1조(제1방법)에 대한 주해에서 "구분되는"의 의미: 수입국의 관세 및 제세)
지급하였거나 지급하여야 할 가격이 수입국의 관세 및 제세(duties and taxes)에 대한 금액을 포함하고 있을 때에 이러한 사항이 송장에 **구분되어 표기되어 있지 않고**(not shown separately) 이러한 사항에 대하여 **수입자가 달리 공제를 요청하지 않은 경우**에 이들 관세 및 제세가 공제되어야 하는가?
수입국의 관세 및 제세는 그 본질상 실제로 지급하였거나 지급하여야 할 가격에서 구분할 수(distinguishable) 있기 때문에 과세가격의 일부를 구성하지 않는다.

* 수량할인 (권고의견 15.1)

– 일반수량할인
– 누적수량할인
– 소급누적수량할인

관세평가 법령집 **18**

【예해 3.1】
(덤핑 가격으로 판매된 물품)

평가협정에 대한 일반서설에 따르면, 회원국들은 "평가 절차가 덤핑방지를 위해 사용되어서는 아니됨"을 인정하고 있다. 따라서 어떠한 종류의 덤핑이 의심되거나 입증되는 경우, 이를 저지하기 위한 적절한 절차는 적용 가능하다면 수입국에서 유효한 덤핑방지규정에 의한다. 따라서 다음과 같은 사항은 쟁점이 될 수 없다.

(a) 제1조 제1항에서 정하고 있는 조건 중 하나가 충족되지 않는 경우를 제외하고는, 덤핑물품을 평가하기 위한 기초로서 거래가격을 부인하는 경우

(b) 거래가격에 덤핑 마진을 고려한 금액을 가산하는 경우

---

* 하자보증과 관련된 기타 쟁점 (예해 20.1의 11항, 12항)
1. 이중과세 문제
2. 무상으로 송부되는 하자보증용 부분품의 관세평가 방법

【예해 9.1】(수입국에서 발생한 활동에 대한 비용 처리)
제1조(제1방법)에 대한 주해 (a)호와 관련하여, "수입 후에 수행된"이란 문구는 수입국에서 수행된 활동을 포함하도록 신축적으로 해석되어야 한다.

---

③ 다음 각 호의 어느 하나에 해당하는 경우에는 제1항에 따른 거래 가격을 해당 물품의 과세가격으로 하지 아니하고 제31조부터 제35조까지에 규정된 방법으로 과세가격을 결정한다.

이 경우 세관장은 다음 각 호의 어느 하나에 해당하는 것으로 판단하는 근거를 납세의무자에게 미리 서면으로 통보하여 의견을 제시할 기회를 주어야 한다.

1. 해당 물품의 처분 또는 사용에 제한이 있는 경우. 다만, 세관장이 제1항에 따른 거래가격에 실질적으로 영향을 미치지 아니한다고 인정하는 제한이 있는 경우 등 대통령령으로 정하는 경우는 제외한다.

영21조(처분 또는 사용에 대한 제한의 범위)
법 제30조제3항제1호의 규정에 의한 물품의 처분 또는 사용에 제한이 있는 경우에는 다음 각호의 경우가 포함되는 것으로 한다.
1. 전시용·자선용·교육용 등 당해 물품을 특정용도로 사용하도록 하는 제한
2. 당해 물품을 특정인에게만 판매 또는 임대하도록 하는 제한
3. 기타 당해 물품의 가격에 실질적으로 영향을 미치는 제한

영22조(거래가격에 영향을 미치지 아니하는 제한 등)
① 법 제30조제3항제1호 단서에서 "거래가격에 실질적으로 영향을 미치지 아니한다고 인정하는 제한이 있는 경우 등 대통령령으로 정하는 경우"란 다음 각 호의 어느 하나에 해당하는 제한이 있는 경우를 말한다.
1. 우리나라의 법령이나 법령에 의한 처분에 의하여 부과되거나 요구되는 제한
2. 수입물품이 판매될 수 있는 지역의 제한
3. 그 밖에 해당 수입물품의 특성, 해당 산업부문의 관행 등을 고려하여 통상적으로 허용되는 제한으로서 수입가격에 실질적으로 영향을 미치지 않는다고 세관장이 인정하는 제한

* 실질적 영향 여부 판단 (예해 12.1)
- ① 제한의 특성,
  ② 수입물품의 특성,
  ③ 산업분야 및 상업적 관행의 특성,
  ④ 가격에 대한 영향이 상업적으로 중요한(substantial) 것인지등 다양한 요인들이 고려되어야 할 수도 있다.
- 이들 요인은 사안별로 다를 수 있으므로, 이러한 점에서 일률적인 기준을 적용하는 것은 적합하지 않다.

* 가격에 실질적인 영향을 미치지 않는 제한 예시(1조 주해)
① 판매자가 자동차 구매자에게 모델연도의 시작을 나타내는 특정일 이전에는 자동차를 판매하거나 전시하지 않도록 요구하는 경우
② 화장품 제조업체가 계약 규정을 통해 모든 수입자에게 자신의 상품을 방문판매(house-to-house)를 수행하는 개별 판매대리인을 통해서만 소비자에게 판매할 것을 요구하는 경우

---

2. 해당 물품에 대한 거래의 성립 또는 가격의 결정이 금액으로 계산할 수 없는 조건 또는 사정에 따라 영향을 받은 경우

【예해 2.1】제 3항 본문 일부
협정의 기본적인 개념이 구매자와 판매자간의 거래와 그들 사이에 직접 또는 간접으로 발생하는 것과 관련이 있으므로, 이러한 맥락에서 조건 또는 사정(consideration)은 구매자와 판매자간의 의무(obligation)로 해석되어야 한다.

② 법 제30조제3항제2호의 규정에 의하여 금액으로 계산할 수 없는 조건 또는 사정에 의하여 영향을 받은 경우에는 다음 각호의 경우가 포함되는 것으로 한다.
1. 구매자가 판매자로부터 특정수량의 다른 물품을 구매하는 조건으로당해 물품의 가격이 결정되는 경우
2. 구매자가 판매자에게 판매하는 다른 물품의 가격에 따라 당해 물품의 가격이 결정되는 경우
3. 판매자가 반제품을 구매자에게 공급하고 그 대가로 그 완제품의 일정수량을 받는 조건으로 당해 물품의 가격이 결정되는 경우

고27조(조건 또는 사정)
수입물품의 생산 또는 마케팅과 관련한 조건 또는 사정은 법 제30조제3항제2호의 거래가격을 과세가격으로 하지 아니하게 하는 조건 또는 사정으로 보지 않는다.

---

3. 해당 물품을 수입한 후에 전매·처분 또는 사용하여 생긴 수익의 일부가 판매자에게 직접 또는 간접으로 귀속되는 경우.
다만, 제1항에 따라 적절히 조정할 수 있는 경우는 제외한다.

영19조의2(수입물품을 전매·처분 또는 사용하여 생긴 수익금액의 범위)
법 제30조제1항제5호에서 "해당 수입물품을 수입한 후 전매·처분 또는 사용하여 생긴 수익금액"이란 해당 수입물품의 전매·처분대금, 임대료 등을 말한다. 다만, 주식배당금 및 금융서비스의 대가 등 수입물품과 관련이 없는 금액은 제외한다.

고23조(사후귀속이익) 법 제30조제1항제5호에 따른 해당 수입물품을 수입한 후 전매·처분 또는 사용하여 생긴 수익금액은 해당 수입물품과의 거래조건 해당 여부와 관계없이 과세가격에 가산한다.

4. 구매자와 판매자 간에 대통령령으로 정하는 특수관계(이하 "특수관계")가 있어 그 특수관계가 해당 물품의 가격에 영향을 미친 경우.

영23조(특수관계의 범위 등)

① 법 제30조제3항제4호에서 "대통령령으로 정하는 특수관계"란 다음 각 호의 어느 하나에 해당하는 경우를 말한다.

1. 구매자와 판매자가 상호 사업상의 임원 또는 관리자인 경우

2. 구매자와 판매자가 상호 법률상의 동업자인 경우

3. 구매자와 판매자가 고용관계에 있는 경우

4. 특정인이 구매자 및 판매자의 의결권 있는 주식을 직접 또는 간접으로 5퍼센트 이상 소유하거나관리하는 경우

5. 구매자 및 판매자중 일방이 상대방에 대하여 법적으로 또는 사실상으로 지시나 통제를 할 수 있는 위치에 있는 등 일방이 상대방을 직접 또는 간접으로 지배하는 경우

6. 구매자 및 판매자가 동일한 제3자에 의하여 직접 또는 간접으로 지배를 받는 경우

7. 구매자 및 판매자가 동일한 제3자를 직접 또는 간접으로 공동지배하는 경우

8. 구매자와 판매자가 「국세기본법 시행령」 제1조의2제1항 각 호의 어느 하나에 해당하는 친족관계에 있는 경우

---

*【해설 4.1】지배의 의미 : 5호 관련

- 구/판 중 일방이 상대방을 지배하거나, 구/판이 동일한 제3에 의하여 지배를 받거나 지배를 하는 경우 특수관계 O 본다.

- 이 경우 지배를 한다는 것은 한쪽 당사자가 다른쪽 당사자에 대해 구속/지시를 법적으로/실질적으로 행사하는 위치에있는 경우를 의미한다. 일반적으로 모든 구/판 및 공급(유통)계약은 당에 법적으로 강제할 수 있는 권리·의무를 규정하고 있다.

- **'지배'의 개념**은 통상적인 구매자/판매자 또는 공급(유통)계약의 범위를 벗어나고, **다른사람의 활동에 대한 경영(관리)의 관련된 본질적인 측면에서 구속/지시를 행사하는 것**으로 해석. (a position to exercise restraint or direction in respect of essential aspects relating to the management of the activities of the other person.)

	시장상황	계약조건
상황1	수입국에서 평판좋은 제조자/판매자	제/판에게 유리
상황2	수익성 좋은 시장에 대형유통, 판매 및 서비스 거점을 갖춘 수입자	수입자에게 유리
상황3	양 당사자가 대등한 입장	상호 대등한 조건

*【사례연구 11.1】협정 제15조 4항의 적용 : 5호 관련 ('일'방이 법적/사실상 지시/통제 등 직/간접 지배!)

e	B사는 C사에 대한 사전통지/사전승인 없이 관리직위/소유권/의결권의 변화를 줄 수 없음	관/소/의 변화발생 전 사전승인은 단순 통지규정보다 더 나아간 조항
g	B사는 C사의 서면동의 없이 영업소 위치를 변경할 수 없음	영업활동의 위치와 관련된 결정은B사의 경영에 있어 핵심적 측면임

---

*【권고21.1】"사업상 동업자" 해석 &【사례연구 9.1】독점대리인, 독점유통(판매)업자 및 독점영업권자

- 동업자(Partner) : 1인/그이상과 동일한 사업분야에서 제휴(associate)하는 자로서 사업의 이익과 위험을 분담하는자, 즉 동업자 관계의 일원

- 동업자 관계(Partnership) : 공동의 사업을 수행하기 위해 자급/자산을 출자하고, 일정한 율로 이익과 손실을 분담하는 둘 또는 그 이상의 당사자로 구성된 결합체(association)

- 결합체는 동업자관계 형성에 대한 국내의 법적 요건이 충족되는 경우에만 동업자 관계가 된다.따라서 단순히 한 당사자가 다른 낭자의 녹점대/판/영 이기 때문에 협정상 특수관계가 있는 것은 아니다.

- 특 해당여부 판단은 판/구가 "독점 대리인/판매인/영업권자" 등 관계에 해당하더라도 명칭에 관계없이 영23①따라 판단

관세평가 법령집 20

다만, 해당 산업부문의 정상적인 가격결정 관행에 부합하는 방법으로 결정된 경우 등 대통령령으로 정하는 경우는 제외한다.

규5조(특수관계의 영향을 받지 않은 물품가격)

① 영 제23조제2항제3호 각 목 외의 부분에서 "기획재정부령이 정하는 가격"이란 수입가격과 영 제23조제2항제3호 각 목의 가격(이하 "비교가격")과의 차이가 비교가격을 기준으로 하여 비교할 때 100분의 10 이하인 경우를 말한다. 다만, 세관장은 해당 물품의 특성·거래내용·거래관행 등으로 보아 그 수입가격이 합리적이라고 인정되는 때에는 비교가격의 100분의 110을 초과하더라도 비교가격에 근접한 것으로 볼 수 있으며, 수입가격이 불합리한 가격이라고 인정되는 때에는 비교가격의 100분의 110 이하인 경우라도 비교가격에 근접한 것으로 보지 아니할 수 있다.

② 비교가격은 비교의 목적으로만 사용되어야 하며, 비교가격을 과세가격으로 결정하여서는 아니된다.

③ 영 제23조제2항제3호 후단에 따른 비교가격 산출의 기준시점은 다음 각 호와 같다.
  1. **특수관계가 없는 우리나라의 구매자에게 수출되는 동종·동질물품 또는 유사물품의 거래가격**: 선적 시점
  2. **법 제33조에 따라 결정되는 동종·동질물품 또는 유사물품의 과세가격**: 국내판매 시점
  3. **법 제34조에 따라 결정되는 동종·동질물품 또는 유사물품의 과세가격**: 수입신고 시점

② 법 제30조제3항제4호 단서에서 "해당 산업부문의 정상적인 가격결정 관행에 부합하는 방법으로 결정된 경우 등 대통령령으로 정하는 경우"란 다음 각 호의 어느 하나에 해당하는 경우를 말한다.
  1. **특수관계가 없는 구매자와 판매자간에 통상적으로 이루어지는 가격결정방법으로 결정된 경우**
  2. **당해 산업부문의 정상적인 가격결정 관행에 부합하는 방법으로 결정된 경우**
  3. **해당 물품의 가격이 다음 각 목의 어느 하나의 가격(이하 "비교가격")에 근접하는 가격으로서 기획재정부령으로 정하는 가격에 해당함을 구매자가 입증한 경우.**
     이 경우 비교가격 산출의 기준시점은 기획재정부령으로 정한다.
     가. 특수관계가 없는 우리나라의 구매자에게 수출되는 동종·동질물품 또는 유사물품의 거래가격
     나. 법 제33조 및 법 제34조의 규정에 의하여 결정되는 동종·동질물품 또는 유사물품의 과세가격

③ 해당 물품의 가격과 비교가격을 비교할 때에는 거래단계, 거래수량 및 법 제30조제1항 각 호의 금액의 차이 등을 고려해야 한다.

④ 제2항의 규정을 적용받고자 하는 자는 관세청장이 정하는 바에 따라 가격신고를 하는 때에 그 증명에 필요한 자료를 제출하여야 한다.

고29조(비교가격에 의한 특수관계 영향 판단)

① 수입자가 수입물품의 거래가격이 영 제23조제2항제3호 각 목의 가격(이하 "비교가격"이라 한다.)에 근접함을 증명하는 경우에는 제28조에 따른 검토 없이 거래가격을 수용한다.

② 비교가격은 법 제38조제2항의 심사, 법 제110조제2항제2호의 관세조사 등을 통하여 세관장이 과세가격으로 인정한 사실이 있는 가격이어야 하며, 영 제23조제2항제3호나목의 가격을 적용할 때에 해당 수입물품에 기초한 과세가격은 비교가격으로 사용할 수 없다.

③ 제1항에 따라 수입물품의 거래가격이 비교가격에 근접한지 여부를 결정하는 경우에는 물품의 특성, 산업의 특징, 물품이 수입되는 계절 및 가격차이의 상업적 중요성 등을 고려하여야 한다.

【권고의견 7.1】
동종동질 또는 유사물품의 일반적인(prevailing) 시장가격보다 낮은 가격을 비교가격(test value)으로 사용할 수 있는가?

고28조(판매 주변상황 검토에 의한 특수관계 영향 판단)

① 세관장은 특수관계가 해당 물품의 가격에 영향을 미쳤는지 여부를 판단하기 위해 구매자와 판매자가 그들의 상업적 관계를 조직하는 방법과 해당 가격이 결정된 방법 등 거래와 관련된 여러 사실관계를 종합적으로 검토하여야 한다.

② 다음 각 호의 어느 하나에 해당하는 경우에는 영 제23조제2항제1호의 "통상적으로 이루어지는 가격결정방법" 또는 제2호의 "당해 산업부문의 정상적인 가격결정 관행에 부합하는 방법"으로 볼 수 있다. 다만, 제1호부터 제3호까지 및 제7호를 적용하는 경우로서 가격차이가 있을 때에는 해당 호 단서의 "조정"이 가능한 경우에 한정한다.

  1. 판매자가 국내의 특수관계가 없는 구매자에게 동등한 가격 수준으로 판매하는 경우.–다만, 거래수량, 거래단계 등이 상이한 경우에는 이를 조정하여야 한다.
  2. 판매자가 수출국 또는 제3국의 특수관계가 없는 구매자에게 동등한 가격 수준으로 판매하는 경우. –다만, 거래수량, 거래단계, 국가별 시장의 발전수준 및 판매자의 글로벌 마케팅 전략 등이 상이한 경우에는 이를 조정하여야 한다.
  3. 구매자가 동종동질 또는 유사물품을 특수관계가 없는 다른 판매자로부터 동등한 가격 수준으로 구매하는 경우. –다만, 거래수량, 거래단계 등이 상이한 경우에는 이를 조정하여야 한다.
  4. 판매된 물품의 가격이 신문, 잡지 등에 공표된 가격으로서 다른 특수관계가 없는 구매자도 동등한 가격 수준으로 구입할 수 있음이 증명되는 경우
  5. 해당물품의 가격이 그 물품의 생산 및 판매에 관한 모든 비용과 대표적인 기간동안에 동종 또는 동류의 물품 판매에서 실현된 기업의 전반적인 이윤을 충분하게 포함하고 있는 경우
  6. 판매자가 특수관계가 없는 제조자 등으로부터 구입한 물품을 구매자에게 판매하는 경우에 해당물품의 가격이 제조자 등으로부터의 구입가격에 더하여 판매자의 판매와 관련된 통상의 이윤 및 일반경비를 충분하게 포함하고 있는 경우
  7. 판매자가 구매자에 대한 판매에서 실현한 매출총이익률과 특수관계가 없는 구매자에 대한 판매에서 실현한 매출총이익률이 동등한 수준인 경우.–다만, 거래수량, 거래단계, 국가별 시장의 발전수준 및 판매자의 글로벌 마케팅 전략 등이 상이한 경우에는 이를 조정하여야 한다.
  8. 구매자가 특수관계자로부터 구매한 물품과 특수관계가 없는 자로부터 구매한 동종동질 또는 유사물품을 국내 판매할 때 실현한 매출총이익률이 동등한 수준인 경우.–다만, 동등한 수준의 거래조건과 시장조건에서 실현된 것을 전제로 하며, 구매자의 총이익률은 해당 산업의 총이익률과 동등한 수준이어야 한다.
  9. 구매자가 해당 수입물품 또는 이를 대체할 수 있는 물품을 특수관계가 없는 자로부터 자유롭게 구매하며, 구매자가 판매자를 선택하는 주요 요인이 가격에 의한 것임이 제출 자료 및 실제 거래내역에 의해 확인되는 경우
  10. 판매자가 가격을 결정하기 위한 특정한 공식을 사용하며, 특수관계가 있는 구매자와 특수관계가 없는 구매자에게 물품을 판매할 때 해당 공식을 동일하게 적용하는 경우

④ 세관장은 납세의무자가 제1항에 따른 거래가격으로 가격신고를 한 경우

해당 신고가격이 동종·동질물품 또는 유사 물품의 거래가격과 현저한 차이가 있는 등 이를 과세가격으로 인정하기 곤란한 경우로서 대통령령으로 정하는 경우에는

대통령령으로 정하는 바에 따라 납세의무자에게 신고가격이 **사실과 같음을 증명할 수 있는 자료**를 제출할 것을 요구할 수 있다.

---

⑤ 세관장은 납세의무자가 다음 각 호의 어느 하나에 해당 하면 제1항과 제2항에 규정된 방법으로 과세가격을 결정하지 아니하고 제31조부터 제35조까지에 규정된 방법으로 과세가격을 결정한다.

이 경우 세관장은 빠른 시일 내에 과세가격 결정을 하기 위하여 납세의무자와 정보교환 등 적절한 협조가 이루어지도록 노력하여야 하고, 신고가격을 과세가격으로 인정하기 곤란한 사유와 과세가격 결정 내용을 해당 납세의무자에게 통보하여야 한다.

1. 제4항에 따라 요구받은 자료를 제출하지 아니한 경우

2. 제4항의 요구에 따라 제출한 자료가 일반적으로 인정된 회계원칙에 부합하지 아니하게 작성된 경우

3. 그 밖에 대통령령으로 정하는 사유에 해당하여 신고가격을 과세가격으로 인정하기 곤란한 경우

영24조(과세가격 불인정의 범위 등)

① 법 제30조제4항에서 "대통령령으로 정하는 경우"란 다음 각 호의 어느 하나에 해당하는 경우를 말한다.

1. 납세의무자가 신고한 가격이 동종·동질물품 또는 유사물품의 가격과 현저한 차이가 있는 경우

2. 납세의무자가 동일한 공급자로부터 계속하여 수입하고 있음에도 불구하고 신고한 가격에 현저한 변동이 있는 경우

3. 신고한 물품이 원유·광석·곡물 등 국제거래시세가 공표되는 물품인 경우, 신고한 가격이 그 국제거래시세와 현저한 차이가 있는 경우

3의2. 신고한 물품이 원유·광석·곡물 등으로서 국제거래시세가 공표되지 않는 물품인 경우, 관세청장 또는 관세청장이 지정하는 자가 조사한 수입물품의 산지 조사가격이 있는 때에는 신고한 가격이 그 조사가격과 현저한 차이가 있는 경우

4. 납세의무자가 거래처를 변경한 경우로서 신고한 가격이 종전의 가격과 현저한 차이가 있는 경우

5. 제1호부터 제4호까지의 사유에 준하는 사유로서 기획재정부령으로 정하는 경우 *(규정 없음)*

② 세관장은 법 제30조제4항에 따라 자료제출을 요구하는 경우 그 사유와 자료제출에 필요한 기획재정부령으로 정하는 기간을 적은 서면으로 해야 한다. *(15日)*

③ 법 제30조제5항제3호에서 "대통령령으로 정하는 사유에 해당하여 신고가격을 과세가격으로 인정하기 곤란한 경우"란 다음 각 호의 어느 하나에 해당하는 경우를 말한다.

1. 납세의무자가 제출한 자료가 수입물품의 거래관계를 구체적으로 나타내지 못하는 경우

2. 그 밖에 납세의무자가 제출한 자료에 대한 사실관계를 확인할 수 없는 등 신고가격의 정확성이나 진실성을 의심할만한 합리적인 사유가 있는 경우

규제5조의2(신고가격 증명자료 제출기간)

영 제24조제2항에 따른 "기획재정부령으로 정하는 기간"은 자료제출 요구일로부터 15일로 한다. 다만, 부득이한 사유로 납세의무자가 자료제출 기간 연장을 요청하는 경우에는 세관장이 해당 사유를 고려하여 타당하다고 인정하는 기간으로 한다.

규6조 삭제 〈2012. 2. 28.〉

【사례연구 13.1】

동종·동질물품보다 낮은 가격으로 신고된 수입물품

【사례연구 13.2】

원재료보다 낮은 가격으로 신고된 수입물품

제31조(동종·동질물품의 거래가격을 기초로 한 과세가격의 결정)
제32조(유사물품의 거래가격을 기초로 한 과세가격의 결정)

① 제30조[와 제31조]에 따른 방법으로 과세가격을 결정할 수 없는 경우에는 과세가격으로 인정된 사실이 있는 **[동종·동질/유사] 물품**의 거래가격으로서 **[다음/§31①]** 각 호의 요건을 갖춘 가격을 기초로 하여 과세가격을 결정한다.

1. 과세가격을 결정하려는 해당 물품의 생산국에서 생산된 것으로서 해당 물품의 선적일에 선적되거나 해당 물품의 선적일을 전후하여 가격에 영향을 미치는 시장조건이나 상관행에 변동이 없는 기간 중에 선적되어 우리나라에 수입된 것일 것

2. 거래 단계, 거래 수량, 운송 거리, 운송 형태 등이 해당 물품과 같아야 하며, 두 물품 간에 차이가 있는 경우에는 그에 따른 가격차이를 조정한 가격일 것

② 제1항에 따라 과세가격으로 인정된 사실이 있는 **[동종·동질/유사]** 물품의 거래가격이라 하더라도 그 가격의 정확성과 진실성을 의심할만한 합리적인 사유가 있는 경우 그 가격은 과세가격 결정의 기초자료에서 제외한다.

③ 제1항을 적용할 때 **[동종·동질/유사]물품**의 거래가격이 둘 이상 있는 경우에는 생산자, 거래 시기, 거래 단계, 거래 수량 등(이하 "거래내용등")이 해당 물품과 가장 유사한 것에 해당하는 물품의 가격을 기초로 하고, 거래내용등이 같은 물품이 둘 이상이 있고 그 가격도 둘 이상이 있는 경우에는 가장 낮은 가격을 기초로 하여 과세가격을 결정한다.

영25조(동종·동질물품의 범위)

① 법 제31조제1항 각 호 외의 부분에서 "동종·동질물품"이란

> ### 영26조(유사물품의 범위)
> ① 법 제32조제1항에서 "유사물품"이라 함은 당해 수입물품의 생산국에서 생산된 것으로서 모든 면에서 동일하지는 아니하지만 동일한 기능을 수행하고 대체사용이 가능할 수 있을 만큼 비슷한 특성과 비슷한 구성요소를 가지고 있는 물품을 말한다.
> ② 법 제32조에 따라 과세가격을 결정할 때에는 제25조제2항부터 제5항까지의 규정을 준용한다. 이 경우 "동종·동질물품"은 "유사물품"으로 본다.
>
> **【예해1.1(4)】** 수입국내 수행된 기설고공디 결합/반영한 물품은 동/유물품 용어에 포함되지 X

해당 수입물품의 생산국에서 생산된 것으로서 물리적 특성, 품질 및 소비자 등의 평판을 포함한 모든 면에서 동일한 물품(외양에 경미한 차이가 있을 뿐 그 밖의 모든 면에서 동일한 물품을 포함)을 말한다.

② 법 제31조제1항제1호에서 "선적일"은 수입물품을 수출국에서 우리나라로 운송하기 위하여 선적하는 날로 하며, 선하증권, 송품장 등으로 확인한다.

다만, 선적일의 확인이 곤란한 경우로서 해당 물품의 선적국 및 운송수단이 동종·동질물품의 선적국 및 운송수단과 동일한 경우에는 같은 호에 따른 "선적일"을 "입항일"로, "선적"을 "입항"으로 본다.

③ 법 제31조제1항제1호에서 "해당 물품의 선적일을 전후하여 가격에 영향을 미치는 시장조건이나 상관행에 변동이 없는 기간"은 해당 물품의 선적일 전 60일과 선적일 후 60일을 합한 기간으로 한다.

다만, 농림축산물 등 계절에 따라 가격의 차이가 심한 물품의 경우에는 선적일 전 30일과 선적일 후 30일을 합한 기간으로 한다.

④ 법 제31조제1항제2호에 따른 가격차이의 조정은 다음 각 호의 구분에 따른 방법으로 한다.
1. **거래 단계가 서로 다른 경우:** 수출국에서 통상적으로 인정하는 각 단계별 가격차이를 반영하여 조정
2. **거래 수량이 서로 다른 경우:** 수량할인 등의 근거자료를 고려하여 가격차이 조정
3. **운송 거리가 서로 다른 경우:** 운송 거리에 비례하여 가격차이 조정
4. **운송 형태가 서로 다른 경우:** 운송 형태별 통상적으로 적용되는 가격차이를 반영하여 조정

> ### 고30조(제2방법 및 제3방법 적용요건 등)
> 영 제25조제4항에 따른 가격차이의 조정은 가격이 증가 또는 감소되는지 여부와 상관없이 조정의 합리성과 정확성을 보장할 수 있는 입증 자료에 근거하여야 한다.

⑤ 법 제31조제3항을 적용할 때 해당 물품의 생산자가 생산한 동종·동질물품은 다른 생산자가 생산한 동종·동질물품보다 우선하여 적용한다.

> **【예해10.1】 차이조정**
> - 실제 판매하지 않고, 표시된 가격으로 판매할 의사만 표시한 경우, 입증된 증거가 없다면 비교목적으로 수용될 수X
> - 객관적인 수단이 X경우, 2,3방법 적용은 적절 X수

* 과세가격으로 인정된 바 있는 가격 (세관장 인정가격)

'유사물품의 가격'은 과세관청이 유사물품에 관한 관세범칙 사건의 조사나 사후 세액심사 등을 통하여 (세관장이 적극적으로) 인정한 가격뿐만 아니라 **수입신고인이 유사물품의 가격으로 신고한 것으로서 과세관청이 수리한 가격 등을 포함하는 거래사례에서의 가격을 의미함. [2005두17188, 2008-04-25]**

*'과세가격으로 인정된 사실이 있는 유사물품의 거래가격'의 의미

수입물품의 과세가격 결정에 관한 이들 규정의 문언과 체계 및 취지, 특히 「관세법」 제32조 제1항이 「관세법」 제30조에서 사용된 '거래가격'이라는 용어를 그대로 사용하고 있는 점 등에 비추어 보면,

「관세법」 제32조 제1항의 '과세가격으로 인정된 사실이 있는 유사물품의 거래가격'은 '「관세법」 제30조에 따라 과세가격으로 인정된 유사물품의 거래가격'만을 의미하고, '과세관청이 신고가격을 부인하고 「관세법」 제31조 내지 제35조에서 정한 방법에 따라 결정한 과세가격'은 여기에 포함되지 않는다고 해석함이 타당하다.

*'과세가격으로 인정된 사실이 있는 유사물품의 거래가격'의 의미

【협정 제2조에 대한 주해 4】

4. 제2조의 목적상, 동종·동질 수입물품의 거래가격이란, 제1조에 따라 이미 수용된 바 있는 과세가격으로서 제1항 (b) 및 제2항에서 규정한 바와 같이 조정된 것을 말한다.

【권고의견 23.1】 ("반짝 세일"에서 구매한 수입물품의 평가)

· 협정 제1조에 따른 과세가격의 기초로서, '반짝 세일' 중에 구매한 수입물품에 대한 매우 할인된 가격을 고려하여야 하는지 여부였다.

· 만약 그렇다면, 두 번째 쟁점은 세관이 거래가격이 없는 동종·동질 물품 또는 유사물품의 거래가격을 결정하는데 이 매우 할인된 가격이 사용되는 것에 동의하여야 하는지 여부였다.

【예해 1.1】 사례 : 동종동질 유사물품 판단

1.동종동질물품

(1) 다른 용도로 수입된 화학적 구성/끝 마무리/크기가 같은 강철판

⇒ 수입자가 동일물품을 다른 용도로 사용하더라도 이 물품은 동종동질물품

(2) 실내장식가와 도매유통업자가 수입한 벽지

⇒ 다른 상업단계의 수입자가 동일물품을 다른 가격으로 수입하더라도, 상이한 수입 가격 그 자체는 동종동질여부 판단요소가 아니다.

⇒ 가격차이가 품질이나 평판상의 차이를 암시한다 할지라도, 가격 그 자체는 그러한 요소가 아니다.

(3) 미조립상태의 정원용 살충제 분무기와 조립된 동일 디자인 분무기

⇒ 제조공정상의 조립/미조립여부의 차이가 아니라 사용과정상의 조립/미조립되도록 고안된 물품은 동종동질물품으로 간주된다.

2.유사물품

(1) 종류/품종이 다르지만, 거의 동일한 크기/형태/색깔의 꽃을 피우는 튤립뿌리

⇒ 동일한 품종은 아니기 때문에, 동종동질물품은 아니지만,
　거의 같은 크기, 형태 및 같은 색깔의 꽃이고, 상업적 대체가능(Commercially interchangeable)하다면 유사물품이다.

(2) 두 명의 다른 생산자로부터 수입하여 다른 상표가 부착되었지만, 동일 생산국/기능, 대등한 평판, 유사 특성/구성재료 가진 내장 튜브

⇒ 동일국가에 소재한 다른 생산자로부터 수입되고 다른 상표가 부착되어도,
　동일한 기능·동일품질·대등한 평판 그리고 유사한 특성과 구성재료를 가지고 있다면 상표가 다를지라도 유사물품이다.

3.상이한 물품

(1) 표백용의 일반적인 등급의 과산화나트륨 및 분석용의 특별등급의 과산화나트륨

⇒ 순도가 매우 높고 용해되며 분말형태에, 일반등급보다 가격이 훨씬 비싸며,
　일반등급은 분석용으로 사용될 수 없어 특별등급과 상업적 대체사용도 불가능하므로 유사물품도 아니다.

(2) 종이용 잉크와 종이 및 직물겸용 잉크

⇒ 종이용물품은 종이인쇄용에만 적합한 품질의 잉크이며, 겸용물품이 (종이인쇄업에서) 상업적으로 수용된다고 하더라도,
　상호 유사물품이 아니다.

⇒ (기능상)상업적 대체사용(comm. interchgble) = 상업적 수용(comm. acceptable)은 다르다.

제33조(국내판매가격을 기초로 한 과세가격의 결정)

① 제30조부터 제32조까지에 규정된 방법으로 과세가격을 결정할 수 없을 때에는 제1호의 금액에서 제2호부터 제4호까지의 금액을 뺀 가격을 과세가격으로 한다.

다만, 납세의무자가 요청하면 제34조에 따라 과세가격을 결정하되 제34조에 따라 결정할 수 없는 경우에는 이 조, 제35조의 순서에 따라 과세가격을 결정한다.

영27조(수입물품의 국내판매가격 등)

① 법 제33조제1항제1호에서 "국내에서 판매되는 단위가격"이란 수입 후 최초의 거래에서 판매되는 단위가격을 말한다.다만, 다음 각 호의 어느 하나에 해당하는 경우의 가격은 이를 국내에서 판매되는 단위가격으로 보지 아니한다.

1. 최초거래의 구매자가 판매자 또는 수출자와 제23조제1항에 따른 특수관계에 있는 경우 **(Related Party)**

2. 최초거래의 구매자가 판매자 또는 수출자에게 제18조 각호의 물품 및 용역을 수입물품의 생산 또는 거래에 관련하여 사용하도록 무료 또는 인하된 가격으로 공급하는 경우 (Assist)

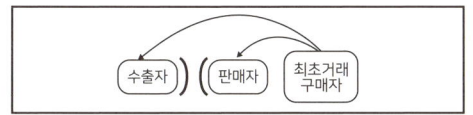

고31조(제4방법을 적용할 수 없는 수입물품) 제4방법으로 과세가격을 결정할 수 없는 경우에는 다음 각 호의 어느 하나에 해당하는 경우를 포함한다.

1. 법 제33조제2항의 경우

2. 영 제27조제3항 단서에 따른 수입신고일부터 90일 이내 판매되는 가격을 확인할 수 없는 경우

3. 제34조에 따른 방법으로 비교대상업체가 2개 이상 선정되지 않는 경우

4. 제36조에 따라 영 제27조제5항제1호의 "납세의무자가 제출한 회계보고서를 근거로 계산한 이윤 및 일반경비의 비율"(이하 "납세의무자 비율"이라 한다)을 계산할 수 없는 경우

고32조(법 제33조에 따른 금액 산정 시 고려사항)

① 관세법 제33조제1항제1호의 금액을 산정하는 경우에는 **일반적으로 인정된 회계원칙에 따라 매출액에서 차감되는 금액(매출에누리, 매출할인 등)을 공제하고,매출환입된 판매수량은 단위가격을 산정할 때 판매되지 않은 것으로 본다. 다만, 차감되는 금액 중 판매비와 관리비 성격의 금액이 포함되어 있는 경우에는 그 금액을 제외하고 공제한다.**

1. 해당 물품, 동종·동질물품 또는 유사물품이 수입된 것과 동일한 상태로 해당 물품의 수입신고일 또는 수입신고일과 거의 동시에 특수관계가 없는 자에게 가장 많은 수량으로 국내에서 판매되는 단위가격을 기초로 하여 산출한 금액

2. 국내판매와 관련하여 통상적으로 지급하였거나 지급하여야 할 것으로 합의된 수수료 또는 동종·동류의 수입물품이 국내에서 판매되는 때에 통상적으로 부가되는 이윤 및 일반경비에 해당하는 금액

3. 수입항에 도착한 후 국내에서 발생한 통상의 운임·보험료와 그 밖의 관련 비용

4. 해당 물품의 수입 및 국내판매와 관련하여 납부하였거나 납부하여야 하는 조세와 그 밖의 공과금

【권고9.1】덤,상관세는 관세 및 기타 내국세의 항목으로 공제되어야..

② 제1항제1호에 따른 국내에서 판매되는 단위가격이라 하더라도 그 가격의 정확성과 진실성을 의심할만한 합리적인 사유가 있는 경우에는 제1항을 적용하지 아니할 수 있다.

③ 해당 물품, 동종·동질물품 또는 유사물품이 수입된 것과 동일한 상태로 국내에서 판매되는 사례가 없는 경우 납세의무자가 요청할 때에는 해당 물품이 국내에서 가공된 후 특수관계가 없는 자에게 가장 많은 수량으로 판매되는 단위가격을 기초로 하여 산출된 금액에서 다음 각 호의 금액을 뺀 가격을 과세가격으로 한다.

1. 제1항제2호부터 제4호까지의 금액
2. 국내 가공에 따른 부가가치

---

② 법 제33조제1항제1호에 따른 금액을 산출할 때에는 해당 물품, 동종·동질물품, 유사물품의 순서로 적용한다.이 경우 해당 수입자가 동종·동질물품 또는 유사물품을 판매하고 있는 경우에는 해당 수입자의 판매가격을 다른 수입자의 판매가격에 우선하여 적용한다.

③ 법 제33조제1항제1호의 규정을 적용함에 있어서의 수입신고일과 거의 동시에 판매되는 단위가격은 당해 물품의 종류와 특성에 따라 수입신고일의 가격과 가격변동이 거의 없다고 인정되는 기간중의 판매가격으로 한다.다만, 수입신고일부터 90일이 경과된 후에 판매되는 가격을 제외한다.

④ 법 제33조제1항제2호에서 "동종·동류의 수입물품"이라 함은 당해 수입물품이 제조되는 특정산업 또는 산업부문에서 생산되고 당해 수입물품과 일반적으로 동일한 범주에 속하는 물품(동종·동질물품 또는 유사물품을 포함)을 말한다.

+ 【협5주해】해당물품의 수출국으로부터 뿐만 아니라, 제3국으로부터의 수입물품도 포함

⑤ 법 제33조제1항제2호에 따른 이윤 및 일반경비는 일체로서 취급하며, 일반적으로 인정된 회계원칙에 따라 작성된 회계보고서를 근거로 하여 다음 각 호의 구분에 따라 계산한다.

1. 납세의무자가 제출한 회계보고서를 근거로 계산한 이윤 및 일반경비의 비율이 제6항 또는 제8항에 따라 산출한 이윤 및 일반경비의 비율(이하 이 조에서 "동종·동류비율"의 100분의 120 이하인 경우
 : 납세의무자가 제출한 이윤 및 일반경비

2. 제1호 외의 경우: 동종·동류비율을 적용하여 산출한 이윤 및 일반경비

⑥ 세관장은 관세청장이 정하는 바에 따라 해당 수입물품의 특성, 거래 규모 등을 고려하여 동종·동류의 수입물품을 선정하고이 물품이 국내에서 판매되는 때에 부가되는 이윤 및 일반경비의 평균값을 기준으로 동종·동류비율을 산출하여야 한다.

⑦ 세관장은 동종·동류비율 및 그 산출근거를 납세의무자에게 서면으로 통보하여야 한다.

⑧ 납세의무자는 세관장이 산출한 동종·동류비율이 불합리하다고 판단될 때에는 제7항에 따른 통보를 받은 날부터 30일 이내에 관세청장이 정하는 바에 따라 해당 납세의무자의 수입물품을 통관했거나 통관할 세관장을 거쳐 관세청장에게 이의를 제기할 수 있다.이 경우 관세청장은 해당 납세의무자가 제출하는 자료와 관련 업계 또는 단체의 자료를 검토하여 동종·동류비율을 다시 산출할 수 있다.

⑨ 법 제33조제1항제3호에서 "그 밖의 관련 비용"이란 해당 물품, 동종·동질물품 또는 유사물품의 하역, 검수, 검역, 검사, 통관 비용 등 수입과 관련하여 발생하는 비용을 말한다.

⑩ 법 제33조제2항에서 "그 가격의 정확성과 진실성을 의심할만한 합리적인 사유가 있는 경우"란 해당 물품의 국내판매가격이 동종·동질물품 또는 유사물품의 국내판매가격보다 현저하게 낮은 경우 등을 말한다.

〈회계적 관점의 제4방법 과세가격〉

　　　매출액 (Sales)
－　　매출총이익 (GM; Gross Margin)
＝　　매출원가 (COGS; Cost of goods sold)
－　　수입국내운송비용 등
－　　조세 기타 공과금
＝　　제4방법 과세가격

---

② 법 제33조제1항제4호에 따른 "조세와 그 밖의 공과금"은 세관장이 제4방법을 적용하여 산출한 과세가격을 기초로 계산한 금액을 의미한다.

③ 제4방법으로 과세가격을 결정하는 물품이 장기간 반복하여 수입되고 납세의무자의 요청이 있는 경우 세관장은 매 신고건별로 법 제33조제1항제2호부터 제4호까지 및 법 제33조제3항 각 호의 금액(이하 "공제금액"이라 한다)을 계산하는 대신에 영 제30조에 따라 일정기간 동안의 국내판매가격에 대한 공제금액의 비율(이하 "공제율"이라 한다)을 산정하여 적용할 수 있다.

④ 제3항에 따른 공제율 산정의 신청 및 산정방법은 규칙 제7조의9에서 정하는 바에 따른다.

* 초공제법 개념 (Super-deductive method)
4방 적용시, 동일상태로 국내판매된 해/농/유 사례 없는 경우,수입후 추가가공을 거친 물품의 국내판매가격을 과세가격의 기초로 하는역산가격방법을 일반적인 4방과 구분하여 초공제법이라 한다.

* 초공제법 요건
① 해/동/유가 수입된 것과 동일상태로 국내판매 사례 없는 경우
② 수입자의 요청 시 적용
③ (동/유에는 적용X) '해당'물품에 대한 추가가공이 있어야
④ 특수관계가 없는 자에게 판매되어야
⑤ 추가적인 가공 결과, 수입물품의 동질성을 잃지 않아야

【협5주해(11)】 이는 추가가공비용을 말하는 것으로, 금액의 계산은 객관적인 자료에 따라 결정되어야 하고, 인정된 산업공식(accepted industry formula), 비법(recipes), 건설방법(method of construction), 기타 그밖의 산업관행(other industry practice)은 국내가공분에 대한 부가가치계산의 기초를 구성한다.

영30조(가산율 또는 공제율의 적용) + 규7조의9(가/공의 결정 방법) + 고39(가/공의 결정) : p21

* 4방 vs 초공 비교

	4방	초공4방
대상	해당물품, 동종동질, 유사	해당물품
전제	요청X 우선	요청시에만
거래 (상태)	– 수입후 최초 거래단계에서 – 수입된것과 동일상태로 – 수입신고시와 (거의)동시에 국내판매 돼야	– 최초 거래단계 X – 국내가공 거쳐(단, 동질성 상실은 X) – 국내판매된 시기 상관X
공제	"통상의" 이윤 및 일반경비	& "실제발생" 부가가치

고33조(산출대상 품목군 등의 결정)

① 세관장이 영 제27조제6항에 따른 동종·동류비율을 산출할 때에는 다음 각 호의 사항을 고려하여 연도별로 결정한 납세의무자의 제4방법 적용대상 수입물품(이하 "산출대상 품목군"이라 한다)별로 산출하여야 한다.

1. 해당 수입물품의 관세·통계통합품목분류표 품목번호(이하 "품목번호"라 한다)
2. 해당 수입물품 및 관련 산업의 특성
3. 납세의무자의 취급품목, 국내판매형태, 사업부문 및 회계자료의 구분 여부 등 사업의 내용

② 세관장은 다음 각 호의 사항을 고려하여 산출대상 품목군과 동종·동류 물품의 품목번호의 범위(이하 "동종·동류 품목번호"라 한다)를 연도별로 결정하여야 한다.

1. 산출대상 품목군의 10단위부터 2단위까지의 품목번호 중 대표성이 있는 품목번호. 다만, 품목이 다양한 경우 여러 품목번호 단위로 결정할 수 있다.
2. 산출대상 품목군의 전체 수입액에서 차지하는 수입비중이 80% 이상인 품목번호. 다만, 제34조에 따라 비교대상업체를 선정할 때 다른 산업부문의 업체가 선정될 우려가 있는 품목번호 등은 제외할 수 있다.

고34조(비교대상업체의 선정)

① 세관장은 제33조제1항에 따른 산출대상 품목군별로 다음 각 호의 요건을 모두 충족하는 업체들을 비교대상업체 후보군으로 선정한다. 이 경우 산업의 특성과 연도별 수입실적을 고려하여 비교대상업체 후보군의 규모를 조정할 수 있다.

1. 납세의무자와 동일한 연도에 동종·동류 품목번호에 해당하는 물품을 수입한 실적이 있는 업체
2. 수입시점과 동시 또는 유사한 시점에 다음 각 목의 어느 하나에 해당하는 업종에 속하는 업체
   가. 「부가가치세법」, 「법인세법」 및 「소득세법」에 따른 사업자등록 정보로서 납세의무자의 업종
   나. 가목의 업종, 주요 경쟁업체의 업종, 동종·동류 품목번호에 해당하는 물품을 주로 취급하는 업종 등을 고려하여 선정한 「부가가치세법」, 「법인세법」 및 「소득세법」에 따른 사업자등록 정보의 업종

② 세관장은 제1항에 따라 선정된 비교대상업체 후보군 중 다음 각 호의 요건을 모두 충족하는 업체를 비교대상업체로 선정한다.

1. 동종·동류 품목번호에 해당하는 물품에 대한 연도별 수입금액이 납세의무자의 해당 수입금액의 100분의 50 이상이고 100분의 150 이하인 업체

동종·동류 품목번호에 해당하는 물품에 대한 납세의무자의 연도별 수입금액 ×50%	동종·동류 품목번호에 해당하는 물품에 대한 연도별 수입금액	동종·동류 품목번호에 해당하는 물품에 대한 납세의무자의 연도별 수입금액 ×150%

2. 「주식회사 등의 외부감사에 관한 법률」에서 정하는 외부감사대상법인으로서 산출대상 연도의 외부감사 의견이 "적정"인 업체. 다만, 그 밖에 외부감사 결과가 적정함을 확인할 수 있는 객관적인 자료가 있는 업체는 비교대상업체에 포함할 수 있다.

③ 제2항에 따라 선정된 비교대상업체 중 다음 각 호의 어느 하나에 해당하는 업체를 제외한다.

1. 매출원가 대비 동종·동류 품목번호에 해당하는 물품을 수입한 금액의 비율이 다음 각 목의 구분에 해당하는 업체

   가. 산출대상 품목군의 국내판매형태가 상품 판매인 경우: 상품 매출원가 대비 동종·동류 품목번호에 해당하는 물품을 수입한 금액의 비율이 100의 30 미만

   나. 산출대상 품목군의 국내판매형태가 제조가공 후 판매인 경우: 제품 매출원가 대비 동종·동류 품목번호에 해당하는 물품을 수입한 금액의 비율이 100의 10 미만

2. 제2항에 따라 선정된 각 비교대상업체의 매출총이익률이 비교대상업체 전체의 매출액 합계액에서 매출총이익 합계액이 차지하는 비율의 100분의 50 미만이거나 100분의 150 초과인 업체

3. 동종·동류 품목번호에 해당하는 수입물품의 거래가격이 영 제23조제1항의 특수관계로부터 영향을 받았다고 세관장이 인정한 업체

고35조(동종·동류비율의 산출 및 통보 등) ① 영 제27조제6항에 따른 동종·동류비율은 세관장이 제34조에 따라 선정한 비교대상업체들의 매출액 총합계액에서 매출총이익 총합계액이 차지하는 비율을 기초로 산출한다.

② 세관장은 필요하다고 인정되는 경우에는 납세의무자, 관련 업계 또는 단체 등에게 제34조에 따른 비교대상업체 선정 및 이 조에 따른 동종·동류비율 산출을 위해 필요한 자료를 요청할 수 있다.

③ 세관장은 제33조, 제34조 및 제36조의 규정을 적용함에 있어 납세의무자에게 다음 각 호의 사항에 대해 의견을 제시할 기회를 주어야 한다.
1. 제33조에 따른 산출대상 품목군 및 동종·동류 품목번호
2. 제34조제1항제2호에 따른 업종
3. 제34조제2항제3호에 따른 국내판매형태
4. 제36조에 따른 납세의무자 비율

④ 세관장은 제1항에 따라 동종·동류비율을 산출한 후 다음 각 호의 사항을 별지 제1호서식의 이윤 및 일반경비율 산출내역서에 작성하여 납세의무자와 관세평가분류원장에게 통보하여야 한다.
1. 제1항에 따른 동종·동류비율
2. 제36조에 따른 납세의무자 비율

고36조(납세의무자 비율 산출) ① 납세의무자 비율은 제33조제1항에 따라 결정된 산출대상 품목군과 동종·동류의 물품에 대해 구분 계산한 납세의무자의 매출액, 매출원가를 기초로 다음 산식에 따라 계산한다.

$$\text{납세의무자 비율} = \frac{\text{산출대상품목군과 동종·동류의 물품 매출액의 합} - \text{산출대상품목군과 동종·동류의 물품 매출원가의 합}}{\text{산출대상품목군과 동종·동류의 물품 매출액의 합}}$$

② 세관장은 제4방법으로 과세가격을 결정하려는 수입물품의 수입신고일이 속하는 회계연도의 회계보고서가 작성되지 않은 경우에는 직전 회계연도에 해당 수입물품을 수입하였다면 직전 회계연도의 회계보고서를 기초로 납세의무자 비율을 계산할 수 있다.

고37조(동종·동류비율에 대한 이의제기) ① 영 제27조제8항에 따라 동종·동류비율에 대해 이의를 제기하려는 납세의무자는 이의제기방법 등 세부적인 내용에 대하여 관세평가분류원장에게 사전상담을 신청할 수 있다.

② 영 제27조제8항에 따라 동종·동류비율에 대해 이의를 제기하려는 납세의무자는 별지 제2호서식의 동종·동류비율 이의제기서(이하 "이의제기서"라 한다)에 다음 각 호의 자료를 첨부하여 제35조제4항에 따라 동종·동류비율을 통보한 세관장을 거쳐 관세평가분류원장에게 제출하여야 한다.
1. 제33조에 따른 산출대상 품목군, 동종·동류 품목번호 또는 제34조제1항제2호에 따른 업종 등 세관장이 산출한 동종·동류비율이 불합리하다고 판단하는 사유와 그 근거자료
2. 납세의무자가 재산출한 납세의무자 비율 및 이를 확인할 수 있는 회계 자료(제36조에 따라 세관장이 산출한 납세의무자 비율이 불합리하다고 판단하는 경우에 한정한다)

③ 이의제기서를 접수한 세관장은 접수일로부터 7일 이내에 법 제33조에 따라 과세가격을 결정하는 사유 및 이의제기에 대한 세관장 의견서를 첨부하여 이의제기서를 관세평가분류원장에게 이첩해야 한다.

④ 관세평가분류원장은 제2항에 따라 제출된 서류가 동종·동류비율의 재검토를 위하여 충분하지 않은 경우에는 15일 이내의 기간을 정하여 보완자료의 제출을 요구할 수 있으며, 이의제기한 납세의무자가 기간 내에 자료를 보완하지 아니하는 경우에는 이의제기를 반려할 수 있다.

⑤ 관세평가분류원장은 이의제기 내용 및 제3항에 따른 세관장 의견서에 대한 검토를 마치고 그 결과를 세관장 및 이의제기한 납세의무자에게 통보하여야 한다. 이 경우 관세평가분류원장은 제33조에 따른 산출대상 품목군과 동종·동류 품목번호의 범위 및 제34조에 따른 비교대상업체의 선정 등이 곤란한 경우 등 부득이한 경우를 제외하고 이의제기서를 접수한 날로부터 30일(자료 보완기간 제외) 이내에 통보하여야 한다.

⑥ 세관장은 이의제기를 반영하여 산출된 동종·동류비율을 적용한 과세가격이 제35조에 따라 통보한 동종·동류비율을 적용한 과세가격보다 높은 경우에는 제35조에 따라 통보한 동종·동류비율을 적용한다.

영30조(가산율 또는 공제율의 적용) + 규7조의9(가/공의 결정 방법) + 고39(가/공의 결정)		
영제30조(가산율 또는 공제율의 적용)	**규7조의9(가산율 또는 공제율의 결정 방법)**	**고42조(가산율 또는 공제율의 결정)**
① 관세청장 또는 세관장은 장기간 반복하여 수입되는 물품에 대하여 법 제30조 제1항이나 법 제33조제1항 또는 제3항을 적용하는 경우 납세의무자의 편의와 신속한 통관업무를 위하여 필요하다고 인정되는 때에는 기획재정부령으로 정하는 바에 따라 해당 물품에 대하여 통상적으로 인정되는 가산율 또는 공제율을 적용할 수 있다. ② 제1항의 규정에 의한 가산율 또는 공제율의 적용은 납세의무자의 요청이 있는 경우에 한한다.	① 영 제30조제2항에 따라 가산율 또는 공제율의 적용을 받으려 하는 자는 관세청장이 정하는 가산율 또는 공제율 산정신청서에 다음 각 호의 서류를 첨부하여 관세청장 또는 세관장에게 제출해야한다. 1. 최근 3년간의 해당물품의 수입실적 자료 2. 영 제31조제1항 각 호의 서류 3. 최근 3년간 해당 수입물품의 국내판매 가격자료와 이윤 및 일반경비를 확인할 수 있는 자료(공제율 산정의 경우에 한정한다) ② 영 제30조제1항에 따라 가산율 또는 공제율을 산정하는 경우 관세청장 또는 세관장은 해당 납세의무자에게 의견을 제시할 기회를 주어야 한다. ③ 제1항에 따른 신청을 받은 관세청장 또는 세관장은 신청서류 및 신청인의 최근 거래관계와 거래내용을 심사하여 20일 이내에 관세청장이 정하는 가산율 또는 공제율 결정서를 신청인에게 발급해야 한다. 다만, 다음 각 호의 어느 하나에 해당하여 가산율 또는 공제율의 산정이 곤란한 경우에는 가산율 또는 공제율 결정서를 발급하지 아니한다. 1. 가산 또는 공제할 금액의 지급기준이 변경되는 경우 2. 가산율 또는 공제율 결정의 기초가 되는 거래관계나 내용이 변경된 경우 3. 그 밖에 관세청장 또는 세관장이 거래관계나 거래내용 등을 고려하여 가산율 또는 공제율의 산정이 곤란하다고 인정하는 경우 ④ 제3항에 따라 결정되는 가산율 또는 공제율은 소수점 이하 셋째 자릿수까지 계산한 후 이를 반올림하여 둘째 자릿수까지 산정한다. ⑤ 가산율 또는 공제율은 제3항에 따른 가산율 또는 공제율 결정서를 발급한 날부터 1년 간 적용한다. 다만, 세관장이 필요하다고 인정하는 경우에는 적용기간을 다르게 정할 수 있다.	① 규칙 제7조의9제1항에 따라 가산율 또는 공제율을 적용받으려는 자는 세관장 또는 관세평가분류원장에게 별지 제10호서식의 가산율(공제율) 산정 신청서를 제출하고, 신청을 받은 세관장 또는 관세평가분류원장은 규칙 제7조의9제3항에 따라 신청인에게 별지 제11호서식의 가산율(공제율) 결정서를 발급한다. ② 신청인이 제1항의 가산율(공제율) 결정서에 따라 과세가격을 신고한 때에는 이를 확정된 과세가격으로 본다. ③ 규칙 제7조의9제4항은 제20조 및 제22조의 가산율 산정시에도 준용한다.

제34조(산정가격을 기초로 한 과세가격의 결정)

① 제30조부터 제33조까지에 규정된 방법으로 과세가격을 결정할 수 없을 때에는 다음 각 호의 금액을 합한 가격을 기초로 하여 과세가격을 결정한다.

1. 해당 물품의 생산에 사용된 원자재 비용 및 조립이나 그 밖의 가공에 드는 비용 또는 그 가격

   (생산자가 생산국에서)

【협정 6조에대한 주해】

해당 "비용 또는 그 가격"에는 아래의 요소를 포함

① 포장비용

② 용기비용

③ 생산지원비용 (단, 국내에서 개발된 용역의 생산자가 부담한 경우에만 포함)

---

2. 수출국 내에서 해당 물품과 동종·동류의 물품의 생산자가 우리나라에 수출하기 위하여 판매할 때 통상적으로 반영하는 이윤 및 일반 경비에 해당하는 금액

3. 해당 물품의 수입항까지의 운임·보험료와 그 밖에 운송과 관련된 비용으로서 제30조제1항제6호에 따라 결정된 금액

② 납세의무자가 제1항 각 호의 금액을 확인하는데 필요한 자료를 제출하지 않은 경우에는 제1항을 적용하지 않을 수 있다.

영28조(산정가격을 기초로 한 과세가격의 결정)

① 법 제34조제1항제1호에 해당하는 금액은 해당 물품의 **생산자가 생산국**에서 일반적으로 인정된 회계원칙에 따라 작성하여 제공하는 회계장부 등 생산에 관한 자료를 근거로 하여 산정한다.

【WTO관세평가교육모듈】원자재 비용에서 제외금액

① 웨이스트 또는 스크랩으로 수거 가능한 금액

② 완제품의 수출시 면제/환불된 경우, 자재 또는 그 처분에 직접적으로 적용되는 생산국에 의해 부과된 내국세

* '생산에 사용된 원자재' : 해당물품에 체화된 부분 + 생산과정에서 손모된 부분까지 포함한 총 투입원자재

② 법 제34조제1항제1호에 따른 조립이나 그 밖의 가공에 드는 비용 또는 그 가격에는 법 제30조제1항제2호에 따른 금액이 포함되는 것으로 하며, 우리나라에서 개발된 기술·설계·고안·디자인 또는 공예에 드는 비용을 생산자가 부담한 경우에는 해당 비용이 포함되는 것으로 한다.

【WTO관세평가교육모듈】생산 및 기타 가공비용

· 포함 (생산관련) ① 모든 인건비, 초과근무수당과 같은 간접비용

② 생산관련 모든 조립비용, 기계비용

③ 공장 감독 및 유지비용(공장임차료, 공장건물감가상각비)

+ 생→제3에 지급한 생산관련 권사도! (구가→생에게: 이건 생 수익+이므로X)

· 미포함 (생산관련X) : 회계자문비용, 공장직원→수입국으로 출장비, 각종협회 회비

【협정 6조 주해】 수출국내 생산자의 통상의 이윤 및 일반경비

1) 통상적인 이윤 및 일반경비의 개념

· 생산자가 직접 제출하거나, 생산자를 대신하여 다른 자가 제출한 정보 이외의 자료를 기초로 파악됨

· 일반경비에는 생산에 사용된 원자재 및 생산에 소요된 비용 또는 가격에 포함되지 아니한, 상품생산 및 수출판매를 위한 직접 및 간접비가 포함

2) 일체로서의 이윤 및 일반경비의 취급

· 이윤 및 일반경비의 금액은 제4방법과 동일하게 제5방법 적용에서도 일체로서 취급되어야 한다.

· 특정한 경우 생산자의 이윤이 낮고, 일반경비가 높다 할지라도, 동종·동류의 상품판매에 통상 반영되는 것과 합치될 수!

① 예측할 수 없는 수요의 격감 때문에 생산자가 일시적으로 가격을 인하하여야 할 경우

② 수입국에서 생산되고 있는 범주의 상품을 보완하고 경쟁력을 유지하기 위해 낮은 이윤을 감수하는 경우

– 생산자가 특별한 상업적 상황 때문에 수입물품의 판매에서 이윤 없이/ 낮은 이윤을 감수하는 경우, 생산자가 낮은 이윤을 정당화할 수 있는 **타당한 상업적 이유(valid commercial reasons)**를 갖고 있고, 생산자의 가격정책이 관련 산업분야의 **일반적인 가격정책(usual pricing policies)을** 반영한다면 **생산자의 실제 이윤수치는 고려되어야 한다.**

3) '일치' 하는 경우의 정의 : 산출된 수치가 『정해진 범위』와 비교하여 동일한 수준인 것

· 생산자가 직접 제출하거나 생산자를 대신하여 제출되는 수치가 동종 또는 동류 물품을 생산자가 수입국에 수출판매시 통상적으로 반영하는 것과 불합치하지 아니하는 한, 동 자료에 기초하여 결정되어야.. (4항)

· 통상적으로 반영되는 수치와 합치하지 않는 경우에는, 생산자(대신) 제시 이외의 자료에 기초할 수 있다.(이경우 당국은 수입자 요청시, 그러한 정보의 원천, 계산 내역과 근거 등을 (합리적으로..) 수입자에게 통보해야 한다.)

고38조(제5방법을 적용할 수 없는 수입물품)

납세의무자가 영 제28조제1항에 따라 제출하는 자료만으로 법 제34조제1항제1호에 해당하는 금액을 확인할 수 없는 경우에는 제5방법에 따라 과세가격을 결정할 수 없다.

* **적용 및 한계** : 산정가격방법의 사용은

① **일반적으로 구 – 판이특수관계**에 있고,

② 생산자가 필요한 원가계산서를수입국 당국에 제출할 준비가 되어 있으며,

③ 필요한 경우 일체의 사후 검증에 대하여 편의를 제공할 준비가 되어 있을 경우에 한정한다.

관세평가 법령집 **28**

* 4 · 5방 동종 · 동류 물품, 통상의 이윤 및 일경 비교

1. 동종 · 동류 물품

① "동일한 상품군 또는 범위에 속하는" 물품을 의미
② 반드시 평가 대상물품과 동일한 수출국으로부터 수입된 물품이어야
③ 평가 대상물품을 포함하여 통상적인 이윤에 대한 정보가 제출될 수 있는 가장 좁게 한정된 범위의 물품이어야
④ 특정 상품이 다른 상품과 동종·동류의 물품인지 여부는 관련사항을 고려하여 사안별로 결정하여야

5방법	4방법
가장 좁게 한정된 범위의 수입국에 대한 수출판매가 검토대상	가장 좁게 한정된 범위의 수입국내에서의 판매가 검토대상
반드시 평가 대상물품과 동일한 국가로부터 수입된 물품이어야	해당 수출국으로부터의 수입품뿐만 아니라 다른 국가로부터의 수입품도 포함

2. 이윤 및 일반경비

· 이윤 및 일반경비의 금액은 제4방법과 동일하게 제5방법 적용에서도 일체로서 취급되어야 한다.

5방법	4방법
생산자가 직접 제출하거나, 생산자를 대신하여 다른 자가 제출한 정보 이외의 자료를 기초로 파악되는 **'통상적인'** 이윤 · 일반경비를	수입자가 제공한 자료가 통상적인 금액과 상반되지 않는 한 이 금액을
포함	차감

〈요약손익계산서〉

	매출액 (Sales)
−	매출원가 (COGS; Cost of goods sold)
=	매출총이익 (GM; Gross Margin)
−	판매관리비(OE; Operating Expense)
=	영업이익(Om; Operating Margin)

■ 매출총이익 = 이윤 및 일반경비 = 판매관리비(OE) + 영업이익(OM)

■ 매출총이익율 = 이윤 및 일반경비율 = 동종동류비율 = $\dfrac{매출총이익(GM)}{매출액(Sales)}$ = $\dfrac{OE+OM}{Sales}$

* 4방법에서 이윤 및 일반경비를 공제하는 방법 = 매출액 X 이윤 및 일반경비율

■ 원가가산율 = $\dfrac{매출총이익(GM)}{제조원가(COGS)}$ = $\dfrac{OE+OM}{COGS}$

* 5방법에서 이윤 및 일반경비를 가산하는 방법 = 제조원가 X 원가가산율

■ 4방법 과세가격 결정 요약

국내판매가격 − (동종동류비율 or 이윤 및 일반경비) − 수입관련 비용 − 관세 등

■ 5방법 과세가격 결정 요약

제조원가 + (수출국) 통상적인 이윤 및 일반경비 + 수입항까지의 운임

제35조(합리적 기준에 따른 과세가격의 결정)

① 제30조부터 제34조까지에 규정된 방법으로 과세가격을 결정할 수 없을 때에는 대통령령으로 정하는 바에 따라 제30조부터 제34조까지에 규정된 원칙과 부합되는 합리적인 기준에 따라 과세가격을 결정한다.

영29조(합리적 기준에 따른 과세가격의 결정)

① 법 제35조에 따라 과세가격을 결정할 때에는 국내에서 이용 가능한 자료를 기초로 다음 각 호의 방법을 적용한다.

이 경우 적용순서는 법 제30조부터 제34조까지의 규정을 따른다.

1. 법 제31조 또는 법 제32조의 규정을 적용함에 있어서 **법 제31조제1항제1호의 요건을 신축적으로 해석 · 적용하는 방법**

3. 법 제33조 또는 법 제34조의 규정에 의하여 과세가격으로 인정된 바 있는 동종 · 동질물품 또는 유사물품의 과세가격을 기초로 과세가격을 결정하는 방법

규7조(합리적인 기준에 의한 과세가격의 결정)

① 영 제29조제1항제1호에서 "법 제31조제1항제1호의 요건을 신축적으로 해석 · 적용하는 방법"이라 함은 다음 각호의 방법을 말한다.

1. **당해 물품의 생산국에서 생산된 것이라는 장소적 요건**을 다른 생산국에서 생산된 것으로 확대하여 해석 · 적용하는 방법

② 제1항에 따른 방법으로 과세가격을 결정할 수 없을 때에는 국제거래시세·산지조사가격을 조정한 가격을 적용하는 방법 등 거래의 실질 및 관행에 비추어 합리적으로 인정되는 방법에 따라 과세가격을 결정한다.

고39조(제6방법 적용)

① 법 제30조에 따른 제1방법부터 법 제34조에 따른 제5방법까지에 따라 과세가격을 결정할 수 없을 때에는 영 제29조제2항에서 사용을 금지하고 있는 가격에 해당하지 않는 범위 내에서 「1994년도 관세 및 무역에 관한 일반협정 제7조의 이행에 관한 협정」에 부합하는 합리적인 방법과 국내에서 이용 가능한 자료를 근거로 하여 과세가격을 결정한다.

② 영 제29조제1항에 따라 과세가격을 결정할 때에는 법 제30조에 따른 제1방법부터 법 제34조에 따른 제5방법까지를 적용순서에 따라 신축적으로 적용하여야 하며, 이전에 결정된 과세가격이 있는 경우 이를 최대한 활용하여야 한다.

③ 제2항에 따라 제4방법을 신축적으로 적용하는 때에는 다음 각 호의 사항을 거래의 실질 및 관행에 비추어 합리적으로 인정되는 방법에 따라 조정할 수 있다.

1. 규칙 제7조제2항의 경우
2. 규칙 제7조제3항의 경우
3. 제33조에 따른 산출대상 품목군 및 동종·동류 품목번호
4. 제34조제1항제2호에 따른 업종
5. 제34조제2항제1호에 따른 수입금액
6. 제34조제3항제1호에 따른 매출원가 대비 동종·동류 품목번호에 해당하는 물품을 수입한 금액의 비율
7. 제34조제3항제2호에 따른 매출총이익률
8. 제36조에 따른 납세의무자 비율

---

* 6방 적용의 기본 원칙

1. 합리적 방법으로 과결

2. WTO 협정 원칙에 부합
　① 수입물품 거래가격에 절대적 우선순위
　② 평가시스템은 공정, 일관, 중립적
　③ 간단, 공평한 기준
　④ 상업적 관행에 일치

3. GATT 제7조의 원칙에 부합
　① 수입물품 관세목적은 실제가격에 기초
　② 실제가격은 "완경조건下 통거경로 통해 판매" 되는것
　③ 국산물품가격, 자의적·가공적 가격 배제
　④ 면제/환급되거나 될 예정인 수출국 내국세 등 제외

4. 수입국에서 입수가능한 자료에 기초하여 결정

---

2. 법 제33조의 규정을 적용함에 있어서 **수입된 것과 동일한 상태로 판매되어야 한다는 요건을 신축적으로 해석·적용하는 방법**

4. 제27조제3항 단서를 적용하지 않는 방법

5. 그 밖에 거래의 실질 및 관행에 비추어 합리적이라고 인정되는 방법

② 영 제29조제1항제2호에서 "**수입된 것과 동일한 상태로 판매하여야 한다는 요건을 신축적으로 해석·적용하는 방법**"이라 함은 납세의무자의 요청이 없는 경우에도 법 제33조제3항에 따라 과세가격을 결정하는 방법을 말한다.

③ 영 제29조제1항제4호에서 "**제27조제2항 단서의 규정을 적용하지 아니하는 방법**"이라 함은 수입신고일부터 180일까지 판매되는 가격을 적용하는 방법을 말한다.

---

1. 2,3방법 신축 해석 방법

(1) 생산국, 선적일 요건 신축 해·적 방법

① **당해 물품의 생산국에서 생산된 것이라는 장소적 요건**을 다른 생산국에서 생산된 것으로 확대 해적 방법

② **당해 물품의 선적일 또는 선적일 전후(60日)라는 시간적 요건을 →** 선적일 전후 90일로 확대 해적 방법 다만, 가영미시상이 유사한 경우에는 90일을 초과하는 기간으로 확대 해적할 수 있다.

(2) 4,5방법으로 인정된 동/유 과세가격 기초 과결 방법

2. 4방법 신축 해적 방법

(1) "수입된 것과 동일한 상태로 판매" 요건을 신축 해적 방법 = 수입자의 요청X도 초공4방 적용

(2) 수입신고일~90日 → 180일까지 판매되는 가격을 적용 방법

3. 기타 합리 인정 방법

---

2. **당해 물품의 선적일 또는 선적일 전후라는 시간적 요건**을 선적일 전후 90일로 확대하여 해석·적용하는 방법. 다만, 가격에 영향을 미치는 시장조건이나 상관행이 유사한 경우에는 90일을 초과하는 기간으로 확대하여 해석·적용할 수 있다.

관세평가 법령집　30

② 법 제35조의 규정에 의하여 과세가격을 결정함에 있어서는 다음 각호의 1에 해당하는 가격을 기준으로 하여서는 아니된다.

1. 우리나라에서 생산된 물품의 국내판매가격
2. 선택가능한 가격중 반드시 높은 가격을 과세가격으로 하여야 한다는 기준에 따라 결정하는 가격
3. 수출국의 국내판매가격
4. 동종·동질물품 또는 유사물품에 대하여 법 제34조의 규정에 의한 방법외의 방법으로 생산비용을 기초로 하여 결정된 가격
5. 우리나라외의 국가에 수출하는 물품의 가격
6. 특정수입물품에 대하여 미리 설정하여 둔 최저과세기준가격
7. 자의적 또는 가공적인 가격

③ 제1항제1호부터 제4호까지의 규정에 따른 방법을 적용하기 곤란하거나 적용할 수 없는 경우로서 다음 각 호의 어느 하나에 해당하는 물품에 대한 과세가격 결정에 필요한 기초자료, 금액의 계산방법 등 세부사항은 기획재정부령으로 정할 수 있다.

1. 수입신고전에 변질·손상된 물품
2. 여행자 또는 승무원의 휴대품·우편물·탁송품 및 별송품
3. 임차수입물품
4. 중고물품
5. 법 제188조 단서의 규정에 의하여 외국물품으로 보는 물품
6. 범칙물품
7. 「석유 및 석유대체연료 사업법」 제2조제1호의 석유로서 국제거래시세를 조정한 가격으로 보세구역에서 거래되는 물품
8. 그 밖에 과세가격결정에 혼란이 발생할 우려가 있는 물품으로서 기획재정부령으로 정하는 물품

【연구1.1 부록】
제7조 제2항(c) (수출국의 국내판매가격)는 1방법의 적용을 금지하는 것은 아니다.
단, 6방법 적용시 수출국 국내시장에서의 판매에서 도출된 다른 가격의 사용은 금지한다. 예를들어 수출국의 전반적인 시장가격 또는 수출국의 국내시장에서 판매자가 다른 구매자에게 물품을 제공하는 가격을 과세가격의 근거로 하는 것을 포함한다.
협정 제7조 제2항에서 포함하고 있는 금지규정은 제7조에 따라 결정되는 과세가격에 대해서만 적용되고 제1조 및 제8조에 따른 거래가격의 결정에서는 적용되지 않는다.

【권고14.1】 판매가 특정 수출국에서 발생할 필요는 없다. 수입자가 검토 중에 있는 직접적인 영향을 미치는 판매가 수입국으로 물품을 수출할 목적으로 발생하였다는 것을 입증할 수 있다면 제1조가 적용될 수 있다.

【예해 22.1】
즉, 제1조의 신축적인 적용에 있어 금지된 판매는 제1조를 정상적으로 적용할 때 유효한 것으로는 도저히 간주될 수 없다.

연속판매 상황에서, 첫 번째 판매는 흔히 동일국의 생산자와 국내 공급권자(유통업자)간의 판매에 대한 것이다. 명백히, 이러한 판매는 제7조에 따른 과세가격을 결정하는데 있어 사용될 수 없다. 이러한 판매는 또한 제1조에 따른 가격을 결정하는데 사용되지 않아야 한다는 결론이 나온다.

〈 특수물품 7(+1) : 규칙 7조의2 ~ 7조의8, 고40 · 41 〉

규7조의2(수입신고 전 변질 또는 손상물품의 과세가격의 결정)

영 제29조제3항제1호에 해당하는 물품의 과세가격은 다음 각 호의 가격을 기초로 하여 결정할 수 있다.

1. 변질 또는 손상으로 인해 구매자와 판매자간에 다시 결정된 가격

2. 변질 또는 손상되지 않은 물품의 가격에서 다음 각 목 중 어느 하나의 금액을 공제한 가격

　가. 관련 법령에 따른 감정기관의 손해평가액

　나. 수리 또는 개체비용

　다. 보험회사의 손해보상액

규7조의3(여행자 휴대품 · 우편물등의 과세가격의 결정)

① 영 제29조제3항제2호에 따른 여행자 또는 승무원의 휴대품 · 우편물 · 탁송품 및 별송품(이하 "여행자 휴대품 · 우편물등")의 과세가격을 결정하는 때에는 다음 각 호의 가격을 기초로 하여 결정할 수 있다.

1. 신고인의 제출 서류에 병기된 신고인의 결제금액(명칭 및 형식에 관계없이 모든 성격의 지급수단으로 결제한 금액을 말한다)

2. 외국에서 통상적으로 거래되는 가격으로서 객관적으로 조사된 가격

3. 해당 물품과 동종 · 동질물품 또는 유사물품의 국내도매가격에 관세청장이 정하는 시가역산율을 적용하여 산출한 가격

4. 관련 법령에 따른 감정기관의 감정가격

5. 중고 승용차(화물자동차를 포함) 및 이륜자동차에 대해 제1호 또는 제2호를 적용하는 경우 최초 등록일 또는 사용일부터 수입신고일까지의 사용으로 인한 가치감소에 대해 관세청장이 정하는 기준을 적용하여 산출한 가격

6. 그 밖에 신고인이 제시하는 가격으로서 세관장이 타당하다고 인정하는 가격

② 제1항제3호의 국내도매가격을 산출하려는 경우에는 다음 각 호의 방법에 따른다.

1. 해당 물품과 동종 · 동질물품 또는 유사물품을 취급하는 2곳 이상의 수입물품 거래처(인터넷을 통한 전자상거래처를 포함)의 국내도매가격을 조사해야 한다. 다만, 다음 각 목의 경우에는 1곳의 수입물품 거래처만 조사하는 등 국내도매가격 조사방법을 신축적으로 적용할 수 있다.

　가. 국내도매가격이 200만원 이하인 물품으로 신속한 통관이 필요한 경우

　나. 물품 특성상 2곳 이상의 거래처를 조사할 수 없는 경우

　다. 과세가격 결정에 지장이 없다고 세관장이 인정하는 경우

2. 제1호에 따라 조사된 가격이 둘 이상인 경우에는 다음 각 목에 따라 국내도매가격을 결정한다.

　가. 조사된 가격 중 가장 낮은 가격을 기준으로 최고가격과 최저가격의 차이가 10%를 초과하는 경우에는 조사된 가격의 평균가격

　나. 조사된 가격 중 가장 낮은 가격을 기준으로 최고가격과 최저가격의 차이가 10% 이하인 경우에는 조사된 가격 중 최저가격

③ 제1항제3호의 시가역산율은 국내도매가격에서 법 제33조제1항제2호부터 제4호까지의 금액을 공제하여 과세가격을 산정하기 위한 비율을 말하며, 산출방법은 관세청장이 정하는 바에 따른다.

【해설 3.1】(계약과 일치하지 않는 물품)

1. 손상된 물품

1) 수입시점에 물품이 전손되어 가치가 없다고 판명된 경우 → 관세납부 의무x

2) 수입시점에 물품이 부분 손상되었거나 스크랩 정도의 가치가 있다고 판명된 경우

　(1) 재수출, 유기, 폐기 시 : 관세납부 의무x

　(2) 수입자가 해당 물품을 인수하는 경우

　　① 제1방법: 실제로 지급하였거나 지급하여야 할 가격은 실제로 수입된 손상된 물품에 대한 것이 아니므로 제1방법을 적용할 수 없다. 하지만 만약 선적물품의 일부가 손상된 것으로 판명된다면, 전체 가격 중 총 구매수량에 대한 손상되지 않은 수량에 해당하는 비율로 표시된 가격을 거래가격으로 수용할 수 있다. 손상된 부분은 아래와 같이 규정된 순서에 따라 평가된다.

　　② 제2방법, 제3방법: 대부분은 경우에 손상된 선적물품은 동종동질물품 혹은 유사물품, 즉 수출판매되는 손상된 물품의 거래가격에 기초하여 평가되는 일은 거의 없을 것이다.

　　③ 제4방법: 손상된 물품 또는 동종동질물품 또는 유사물품이 수입된 상태로 수입국에서 판매되고 동 규정의 기타 모든 조건이 충족되는 경우에는, 손상된 물품의 과세가격은 공제가격 방법에 따라 적절하게 결정될 수 있다.

　　④ 제5방법: 손상된 물품은 손상된 상태로 제조 또는 생산되지 않았기 때문에 적용할 수 없다.

　　⑤ 제6방법: 손상물품의 대부분이 경우는 제6방법에 따라 다음과 같이 처리될 것이다.

　　　i) 변질 또는 손상으로 인해 구매자와 판매자간에 다시 결정된 가격

　　　ii) 변질 또는 손상되지 않은 물품의 가격에서 다음 각 목 중 어느 하나의 금액을 공제한 가격

　　　　가. 관련 법령에 따른 감정기관의 손해평가액

　　　　나. 수리 또는 개체(보수) 비용

　　　　다. 보험회사의 손해보상액

2. 계약사항과 일치하지 않는 물품

1) 재수출, 멸실 또는 폐기의 경우 → 관세납부 의무는 없다.

2) 수입자가 해당 물품을 인수한 경우

　① 선적물품이 계약과 상이한 물품인 경우

　　→ 실제지급가격이 수입된 물품에 대한 가격이 아니므로 1방법 적용x / 2-5방법: 가능한 경우 적용o / 6방법: 위의 규정에 따라 결정되지 못한 경우, 1-5방법을 신축적으로 적용하거나, 이를 통해서도 결정되지 못한 경우, 구매자와 판매자간에 다시 결정된 가격이 있다면 그 가격을 적용할 수 있다.

　② 실제로 그 물품을 주문하였으나 당초 주문 사양과 일치하지 않는 경우

　　→ 실제지급가격은 존재하므로, 다른 조건이 충족된다면 1방법으로 과세가격 결정 가능 / 계약과 상이한 물품으로 보아 1방법을 배제할 수도 있음.

3. 대체물품

1) 해당 거래 이후에 별도로 선적되는 경우

　(1) 원래 물품에 대한 신용채권과 관련하여 별개의 계약이 체결되고, 최초의 가격으로 송장이 발행된 경우

　　→ 다른 조건이 충족되는 경우, 해당 가격은 제1방법에 따른 과세가격의 결정에 대한 기초가 된다.

　(2) 무상으로 송장이 발행된 경우

　　→ 대체품이 무상으로 송부된 경우에는 대체품은 당초의 거래를 이행하기 위한 수입물품으로 간주되어야 한다. 이러한 상황에서는 제1조(제1방법)에 따른 과세가 격을 결정하기 위하여 당초의 거래에서의 가격을 수용하는 것은 적절하므로, 최초 선적 물품의 처리는 별개로 고려할 문제이다.

2) 함께 선적되는 경우

　→ 판매자가 경험상 운송과정에서 손상되리라 보여지는 물품에 대해 / 대체품으로 일정량의 물품을 "무상"으로 선적물품에 포함, 주문량을 다소 상회하는 수량을 보낼 수도 있음. ☞ 판매가격은 선적된 총 수량을 포함하는 것으로 간주되어야 하며, 추가 수량을 고려하거나 "무상 대체품"을 별도로 평가해서는 안 된다.

고40조(여행자휴대품 등의 과세가격)

① 규칙 제7조의3제1항제5호에 따라 최초 등록일(또는 사용일)로부터 수입신고일까지의 사용에 따른 가치감소에 대하여는 별표 제2호를 적용하여 계산한다.

② 규칙 제7조의3제3항에 따른 시가역산율은 다음 각 목의 계산방법에 따른다.

가. 수입물품의 가격이 과세표준으로 되는 물품으로서 국내도매가격에 부가가치세가 포함되어 있는 경우(종가세)

　(1) 개별소비세의 기준가격이 없는 경우

$$\text{(가) 과세가격} = \frac{WP}{1.485+1.1C+1.1S(1+C)(1+E+F)}$$

$$\text{(나) 시가역산율} = \frac{1}{1.485+1.1C+1.1S(1+C)(1+E+F)}$$

　(2) 개별소비세의 기준가격이 있는 경우

$$\text{(가) 과세가격} = \frac{WP+1.1S \times SP(1+E+F)}{1.485+1.1C+1.1S(1+C)(1+E+F)}$$

$$\text{(나) 시가역산율} = \frac{WP+1.1S \times SP(1+E+F)}{WP[1.485+1.1C+1.1S(1+C)(1+E+F)]}$$

나. 수입물품의 가격이 과세표준으로 되는 물품으로서 국내도매가격에 부가가치세가 포함되어 있지 않은 경우(종가세)

　(1) 개별소비세의 기준가격이 없는 경우

$$\text{(가) 과세가격} = \frac{WP}{1.35+C+S(1+C)(1+E+F)}$$

$$\text{(나) 시가역산율} = \frac{1}{1.35+C+S(1+C)(1+E+F)}$$

　(2) 개별소비세의 기준가격이 있는 경우

$$\text{(가) 과세가격} = \frac{WP+S \times SP(1+E+F)}{1.35+C+S(1+C)(1+E+F)}$$

$$\text{(나) 시가역산율} = \frac{WP+S \times SP(1+E+F)}{WP[1.35+C+S(1+C)(1+E+F)]}$$

다. 수입물품의 수량이 과세표준으로 되는 물품으로서 국내 도매가격에 부가가치세가 포함되어 있는 경우(종량세)

　(1) 개별소비세의 기준가격이 없는 경우

$$\text{(가) 과세가격} = \frac{WP-1.1C'Q[1+S(1+E+F)]}{1.485+1.1S(1+E+F)}$$

$$\text{(나) 시가역산율} = \frac{WP-1.1C'Q[1+S(1+E+F)]}{WP[1.485+1.1S(1+E+F)]}$$

　(2) 개별소비세의 기준가격이 있는 경우

$$\text{(가) 과세가격} = \frac{WP-1.1C'Q[1+S(1+E+F)] + 1.1S \cdot SP(1+E+F)}{1.485+1.1S(1+E+F)}$$

$$\text{(나) 시가역산율} = \frac{WP-1.1C'Q[1+S(1+E+F)] + 1.1S \cdot SP(1+E+F)}{WP[1.485+1.1S(1+E+F)]}$$

라. 수입물품의 수량이 과세표준으로 되는 물품으로서 국내 도매가격에 부가가치세가 포함되어 있지 않은 경우(종량세)

　(1) 개별소비세의 기준가격이 없는 경우

$$\text{(가) 과세가격} = \frac{WP-C'Q[1+S(1+E+F)]}{1.35+S(1+E+F)}$$

$$\text{(나) 시가역산율} = \frac{WP-C'Q[1+S(1+E+F)]}{WP[1.35+S(1+E+F)]}$$

　(2) 개별소비세의 기준가격이 있는 경우

$$\text{(가) 과세가격} = \frac{WP-C'Q[1+S(1+E+F)] + S \cdot SP(1+E+F)}{1.35+S(1+E+F)}$$

$$\text{(나) 시가역산율} = \frac{WP-C'Q[1+S(1+E+F)] + S \cdot SP(1+E+F)}{WP[1.35+S(1+E+F)]}$$

※ 국매도매가격 : WP
※ 관세증량세(국내도매기격 형성시 실제 적용된 관세종량세) : C'
※ 교육세율 : E
※ 단위수량 : Q
※ 관세율(국내도매가격 형성시 실제 적용된 관세율) : C
※ 개별소비세율, 주세율 : S
※ 농어촌특별세율 : F
※ 개별소비세 기준가격 : SP

③ 제2항에 따라 산출한 시가역산율(수입물품의 가격이 과세표준으로 되는 물품으로 개별소비세의 부과대상으로서 기준가격이 없는 경우 및 농어촌특별세, 교통·에너지·환경세가 부과되지 않는 경우)의 예시는 별표 제3호, 별표 제4호와 같다.

규제7조의4(임차수입물품의 과세가격의 결정)

① 영 제29조제3항제3호에 따른 임차수입물품의 과세가격은 다음 각 호를 순차적으로 적용한 가격을 기초로 하여 결정할 수 있다.

1. 임차료의 산출 기초가 되는 해당 임차수입물품의 가격

2. 해당 임차수입물품, 동종·동질물품 또는 유사물품을 우리나라에 수출할 때 공개된 가격자료에 기재된 가격

   (중고물품의 경우에는 제7조의5에 따라 결정된 가격을 말한다)

3. 해당 임차수입물품의 경제적 내구연한 동안 지급될 총 예상임차료를 기초로 하여 계산한 가격.
   다만, 세관장이 일률적인 내구연한의 적용이 불합리하다고 판단하는 경우는 제외한다.

4. 임차하여 수입하는 물품에 대해 수입자가 구매선택권을 가지는 경우에는 임차계약상 구매선택권을 행사할 수 있을 때까지 지급할 총 예상임차료와
   구매선택권을 행사하는 때에 지급해야 할 금액의 현재가격(제2항제2호 및 제3호를 적용하여 산정한 가격을 말한다)의 합계액을 기초로 하여 결정한 가격

5. 그 밖에 세관장이 타당하다고 인정하는 합리적인 가격

② 제1항제3호에 따라 과세가격을 결정할 때에는 다음 각 호에 따른다.

1. 해당 수입물품의 경제적 내구연한 동안에 지급될 총 예상임차료(해당 물품을 수입한 후 이를 정상으로 유지 사용하기 위해 소요되는 비용이 임차료에 포함되어
   있을 때에는 그에 상당하는 실비를 공제한 총 예상임차료)를 현재가격으로 환산한 가격을 기초로 한다.

2. 수입자가 임차료 외의 명목으로 정기적 또는 비정기적으로 지급하는 특허권 등의 사용료또는 해당 물품의 거래조건으로 별도로 지급하는 비용이 있는 경우에는
   이를 임차료에 포함한다.

3. 현재가격을 계산하는 때에 적용할 이자율은 임차계약서에 따르되,해당 계약서에 이자율이 정해져 있지 않거나 규정된 이자율이 제9조의3에서 정한 이자율
   이상인 때에는 제9조의3에서 정한 이자율을 적용한다.

– '구매자의 사용가치'가 아닌 '수입물품의 경제적 가치'에 과세

– 임차비용은 '물품의 가치'를 추산하기 위해 사용되는 것

– 완전한 소유권 이전이 아닌 일시사용임을 고려 (조세형평)

규칙 제9조의3

제9조의3(관세 등 환급가산금의 이율) 영 제56조제2항에서 "기획재정부령으로 정하는 이자율"이란 1천분의 31를 말한다.

규7조의5(중고물품의 과세가격의 결정)

① 영 제29조제3항제4호에 따른 중고물품의 과세가격은 다음 각 호의 가격을 기초로 하여 결정할 수 있다.

1. 관련 법령에 따른 감정기관의 감정가격

2. 국내도매가격에 제7조의3제1항제3호의 시가역산율을 적용하여 산출한 가격

3. 해외로부터 수입되어 국내에서 거래되는 신품 또는 중고물품의 수입당시의 과세가격을 기초로 하여가치감소분을 공제한 가격.
   다만, 내용연수가 경과된 물품의 경우는 제외한다.

4. 그 밖에 세관장이 타당하다고 인정하는 합리적인 가격

② 제1항제3호의 가치감소 산정기준은 관세청장이 정할 수 있다.

고41조(중고물품의 과세가격)

① 규칙 제7조의5제2항의 가치감소 산정기준은 다음 각 호의 물품별 기준에 따른다.

1. **기초설비품 및 기계류** : 「법인세법 시행규칙」상의 업종별 자산의 기준내용연수 및 내용연수범위표상에 기재된 기준내용연수와
   감가상각자산의 상각률표 중 정률법에 의한 상각률에 의한다.

2. **승용차(화물자동차 포함) 및 이륜자동차** : 별표 제2호의 기준에 의하고,

   건설장비류 : 별표 제5호의 기준에 의한다.

② 사용으로 인하여 가치가 감소된 물품의 과세가격을 산출할 때에 적용하는 체감잔존율은 1월단위로 적용하되, 1월을 계산할
   때에는 15일 이하는 버림하고, 16일 이상은 1월로 본다.

③ 규칙 제7조의5제1항제3호에 따른 수입 승용자동차 및 화물자동차의 사용으로 인한 가치감소분 공제시에는 자동차의 최초
   등록일(또는 사용일)부터 수입신고일까지의 경과일수를 적용한다.

관세평가 법령집 **34**

규7조의6(보세공장에서 내국물품과 외국물품을 혼용하여 제조한 물품의 과세가격의 결정)
① 영 제29조제3항제5호에 따라 내국물품과 외국물품의 혼용에 관한 승인을 받아 제조된 물품의 과세가격은 다음의 산식에 따른다.

$$제품가격 \times [외국물품가격 / (외국물품가격 + 내국물품가격)]$$

② 제1항을 적용할 때 제품가격, 외국물품가격 및 내국물품 가격은 다음 각 호의 방법으로 결정한다.
  1. 제품가격은 보세공장에서 외국물품과 내국물품을 혼용하여 제조된 물품의 가격으로 하며, 법 제30조부터 제35조까지에서 정하는 방법에 따른다.
  2. 제조에 사용된 외국물품의 가격은 법 제30조부터 제35조까지에서 정하는 방법에 따른다.
  3. 제조에 사용된 내국물품의 가격은 해당 보세공장에서 구매한 가격으로 한다.
  4. 제3호에도 불구하고 다음 각 목의 어느 하나에 해당하는 경우에는 해당 물품과 동일하거나 유사한 물품의 국내판매가격을 구매가격으로 한다.
     이 경우 거래 단계 등이 같아야 하며, 두 물품 간 거래 단계 등에 차이가 있는 경우에는 그에 따른 가격 차이를 조정해야 한다.
     가. 구매자와 판매자가 영 제23조제1항 각 호에서 정하는 특수관계가 있는 경우
     나. 영 제18조 각 호에서 정하는 물품 및 용역을 무료 또는 인하된 가격으로 직접 또는 간접으로 공급한 사실이 있는 경우
  5. 제2호부터 제4호까지의 가격은 법 제186조제1항에 따라 사용신고를 하는 때에 이를 확인해야 하며, 각각 사용신고 하는 때의 원화 가격으로 결정한다.

규7조의7(범칙물품의 과세가격의 결정)
영 제29조제3항제6호에 따른 범칙물품의 과세가격은 제7조의2부터 제7조의6까지 및 제7조의8에 따라 결정한다.

규7조의8(보세구역에서 거래되는 석유의 과세가격의 결정)
① 영 제29조제3항제7호에 따른 국제거래시세를 조정한 가격으로 부세구역에서 거래되는 석유의 과세가격은 부세구역에서 거래되어 판매된 가격을 알 수 있는 송품장, 계약서 등의 자료를 기초로 하여 결정할 수 있다.
② 국내에서 발생한 하역비, 보관료 등의 비용이 제1항의 보세구역에서 거래되어 판매된 가격에 포함되어 있고, 이를 입증자료를 통해 구분할 수 있는 경우 그 비용을 해당 가격에서 공제할 수 있다.

법제188조(제품과세)
외국물품이나 외국물품과 내국물품을 원료로 하거나 재료로 하여 작업을 하는 경우 그로써 생긴 물품은 외국으로부터 우리나라에 도착한 물품으로 본다. 다만, 대통령령으로 정하는 바에 따라 세관장의 승인을 받고 외국물품과 내국물품을 혼용하는 경우에는 그로써 생긴 제품 중 해당 외국물품의 수량 또는 가격에 상응하는 것은 외국으로부터 우리나라에 도착한 물품으로 본다.

법제189조(원료과세)
① 보세공장에서 제조된 물품을 수입하는 경우 제186조에 따른 사용신고 전에 미리 세관장에게 해당 물품의 원료인 외국물품에 대한 과세의 적용을 신청한 경우에는 제16조에도 불구하고 제186조에 따른 사용신고를 할 때의 그 원료의 성질 및 수량에 따라 관세를 부과한다.

규제73조의2(매각물품의 과세가격 및 예정가격)
① 영 제222조제7항에 따른 매각된 물품의 과세가격은 다음 각 호의 구분에 따라 결정한다.
  1. 여행자 휴대품·우편물등: 제7조의3에 따라 산출한 가격
  2. 변질 또는 손상된 물품: 제7조의2에 따라 산출한 가격
  3. 사용으로 인해 가치가 감소된 물품: 제7조의5제1항에 따라 산출한 가격
  4. 제2호 및 제3호에 따라 산출한 가격이 불합리하다고 인정되는 물품: 합리적으로 산출한 국내도매가격에 시가역산율을 곱하여 산출한 가격
  5. 제1호부터 제4호까지에 해당하지 않는 수입물품: 법 제30조부터 제35조까지의 방법에 따라 산출한 가격
② 영 제222조제7항에 따른 매각할 물품의 예정가격은 다음 각 호의 구분에 따라 결정한다.
  1. 제1항제1호부터 제5호까지의 물품: 제1항제1호부터 제5호까지에 따른 과세가격에 관세 등 제세를 합한 금액
  2. 수출조건으로 매각하는 물품: 제1호에 따른 금액에서 관세 등 제세, 운임 및 보험료를 공제한 가격
③ 세관장은 제1항 및 제2항에 따라 과세가격과 예정가격의 산출이 곤란하거나 산출된 금액이 불합리하다고 판단하는 경우에는 그 밖의 합리적인 방법으로 과세가격과 예정가격을 산출할 수 있다.

영 제9조 제3항 제7호
7 「석유 및 석유대체연료 사업법」 제2주제1호의 석유로서 국제거래시세를 조정한 가격으로 부세구역에서 거래되는 물품

석유 및 석유대채연료사업법 제2조 제1호
제2조(정의) 이 법에서 사용하는 용어의 뜻은 다음과 같다.
1. "석유"란 원유, 천연가스[액화(液化)한 것을 포함한다. 이하 같다] 및 석유제품을 말한다.
2. "석유제품"이란 휘발유, 등유, 경유, 중유, 윤활유와 이에 준하는 탄화수소유 및 석유가스(액화한 것을 포함한다. 이하 같다)로서 다음 각 목의 것을 말한다.
   가. 탄화수소유: 항공유, 용제(溶劑), 아스팔트, 나프타, 윤활기유, 석유중간제품[석유제품 생산공정에 원료용으로 투입되는 잔사유(殘渣油) 및 유분(溜分)을 말한다] 및 부생연료유(副生燃料油: 등유나 중유를 대체하여 연료유로 사용되는 부산물인 석유제품을 말한다)
   나. 석유가스: 프로판·부탄 및 이를 혼합한 연료용 가스

과세가격 결정방법 사전심사 (ACVA) : 법 + 고시만

제36조(과세가격 결정방법 등의 통보) 세관장은 납세의무자가 서면으로 요청하면 과세가격을 결정하는 데에 사용한 방법과 과세가격 및 그 산출근거를 그 납세의무자에게 서면으로 통보하여야 한다.

제37조(과세가격 결정방법의 사전심사)

① 제38조제1항에 따라 납세신고를 하여야 하는 자는 과세가격 결정과 관련하여 다음 각 호의 사항에 관하여 의문이 있을 때에는 가격신고를 하기 전에 대통령령으로 정하는 바에 따라 관세청장에게 미리 심사하여 줄 것을 신청할 수 있다.

1. 제30조제1항부터 제3항까지에 규정된 사항

2. 제30조에 따른 방법으로 과세가격을 결정할 수 없는 경우에 적용되는 과세가격 결정방법

3. 특수관계가 있는 자들 간에 거래되는 물품의 과세가격 결정방법

② 제1항에 따른 신청을 받은 관세청장은 대통령령으로 정하는 기간 이내에 과세가격의 결정방법을 심사한 후 그 결과를 신청인에게 통보하여야 한다.

③ 제2항에 따라 결과를 통보받은 자가 그 결과에 이의가 있는 경우에는 그 결과를 통보받은 날부터 30일 이내에 대통령령으로 정하는 바에 따라 관세청장에게 재심사를 신청할 수 있다. 이 경우 재심사의 기간 및 결과의 통보에 관하여는 제2항을 준용한다.

④ 세관장은 관세의 납세의무자가 제2항 또는 제3항에 따라 통보된 과세가격의 결정방법에 따라 납세신고를 한 경우 대통령령으로 정하는 요건을 갖추었을 때에는 그 결정방법에 따라 과세가격을 결정하여야 한다.

⑤ 제1항제3호에 따라 사전심사를 신청하여 제2항에 따라 결과를 통보받은 자는 심사결과 결정된 과세가격 결정방법을 적용하여 산출한 과세가격 및 그 산출과정 등이 포함된 보고서를 대통령령으로 정하는 바에 따라 관세청장에게 제출하여야 한다.

⑥ 관세청장은 제5항에 따른 보고서를 제출하지 아니하는 등 대통령령으로 정하는 사유에 해당하는 경우에는 제2항에 따른 사전심사 결과를 변경, 철회 또는 취소할 수 있다. 이 경우 관세청장은 사전심사를 신청한 자에게 그 사실을 즉시 통보하여야 한다.

제37조의2(관세의 과세가격 결정방법과 국세의 정상가격 산출방법의 사전조정)

① 제37조제1항제3호에 관하여 의문이 있어 같은 항에 따른 사전심사를 신청하는 자는 관세의 과세가격과 국세의 정상가격을 사전에 조정(이하 이 조에서 "사전조정")받기 위하여 「국제조세조정에 관한 법률」 제14조제1항에 따른 정상가격 산출방법의 사전승인(같은 조 제2항 단서에 따른 일방적 사전승인의 대상인 경우에 한정한다)을 관세청장에게 동시에 신청할 수 있다.

② 관세청장은 제1항에 따른 신청을 받은 경우에는 국세청장에게 정상가격 산출방법의 사전승인 신청서류를 첨부하여 신청을 받은 사실을 통보하고, 국세청장과 과세가격 결정방법, 정상가격 산출방법 및 사전조정 가격의 범위에 대하여 대통령령으로 정하는 바에 따라 협의하여야 한다.

③ 관세청장은 제2항에 따른 협의가 이루어진 경우에는 사전조정을 하여야 한다.

④ 관세청장은 제1항에 따른 신청의 처리결과를 사전조정을 신청한 자와 기획재정부장관에게 통보하여야 한다.

⑤ 제1항부터 제4항까지의 규정에 따른 사전조정 신청 방법 및 절차 등에 관하여 필요한 사항은 대통령령으로 정한다.

제37조의3(관세의 부과 등을 위한 정보제공)

관세청장 또는 세관장은 과세가격의 결정·조정 및 관세의 부과·징수를 위하여 필요한 경우에는 국세청장, 지방국세청장 또는 관할 세무서장에게 대통령령으로 정하는 정보 또는 자료를 요청할 수 있다. 이 경우 요청을 받은 기관은 정당한 사유가 없으면 요청에 따라야 한다.

[고시] 제6장 과세가격결정방법 사전심사

고1절 일반 수입물품

고43조(일반 수입물품 사전심사 신청)

① 법 제37조제1항제1호 및 제2호에 따라 과세가격결정방법 사전심사(이하 "사전심사"라 한다)를 신청하고자 하는 자(이하 "신청인"이라 함.)는 별지 제12호서식의 사전심사 신청서와 영 제31조제1항제1호부터 제5호까지의 서류를 관세평가분류원장에게 제출한다.

② 신청인은 사전심사를 위하여 관세사를 대리인으로 선임할 수 있다.

③ 영 제31조제6항에 따른 사전심사 신청을 반려할 수 있는 경우에는 법 제37조제3항에 따라 재심사를 신청하여 그 결과를 통보받은 경우를 포함한다.

고44조(사전상담)
제43조제1항에 따라 사전심사를 신청하고자 하는 자는 관세평가분류원장에게 사전심사에 관하여 상담을 신청할 수 있으며, 관세평가분류원장은 상담신청일로부터 15일내에 상담기회를 제공하여야 한다.

고45조(전문가 등의 자문)

① 관세평가분류원장은 제43조제1항에 따라 사전심사를 함에 있어 신청인의 관할지 또는 통관지 세관장, 국세청장 등 유관 정부기관의 의견을 참고할 수 있다.

② 관세평가분류원장은 사전심사와 관련하여 신청인의 동의가 있는 경우 신청인과 중립적 관계에 있는 전문가(관세평가, 법률, 기업회계, 국제조세 등)로부터 자문을 받을 수 있다. 이 자문과 관련하여 소요되는 비용의 전부 또는 일부를 신청인이 부담하게 할 수 있다.

③ 제2항의 전문가는 사전심사 자문과정에서 지득한 정보는 비밀로 유지하여야 한다.

고46조(심사결과 통보)

① 제43조제1항에 따라 신청을 받은 관세평가분류원장은 이를 심사하여 영 제31조제3항제1호에 따른 기간 이내에 별지 제13호서식의 과세가격결정방법 사전심사 결정서를 신청인에게 교부하고, 이를 통관예정지 세관장에게 통보하여야 한다.

② 제1항에 따른 사전심사 결과에 대하여 재심사를 신청하고자 하는 자는 그 결과를 통보받은 날부터 30일 이내에 별지 제19호서식의 과세가격 결정방법 사전심사 재심사 신청서에 증빙서류를 첨부하여 관세평가분류원장에게 제출하여야 한다. 이 경우 재심사와 관련한 자료 보완, 신청내용 변경 및 업무처리기한에 관한 사항은 영 제31조제2항 및 제9항과 이 고시 같은조 제1항을 준용하며, 제1항의 "별지 제13호서식의 과세가격결정방법 사전심사 결정서"는 "별지 제20호서식의 과세가격결정방법 사전심사 재심사 결과 통보서"로 대체한다.

고47조(사전심사 변경 등)

① 신청인은 법령이나 거래관계의 변경 등으로 인하여 이미 사전심사를 받은 과세가격결정방법이 변경되어야 하는 경우에는 사전심사 변경을 요청해야 한다.

② 관세평가분류원장은 법령의 개정 또는 사전심사 결정의 기초가 된 사실관계의 변경 등이 확인되는 경우에는 이미 결과 통보한 사전심사 결정내용을 변경·철회·취소할 수 있다.

제37조의4(특수관계자의 수입물품 과세가격 결정자료등 제출)

① 세관장은 제38조제2항에 따른 세액심사시 특수관계에 있는 자가 수입하는 물품의 과세가격의 적정성을 심사하기 위하여 해당 특수관계자에게 과세가격결정자료(전산화된 자료를 포함한다)를 제출할 것을 요구할 수 있다. 이 경우 자료의 제출범위, 제출방법 등은 대통령령으로 정한다.

② 세관장은 제1항에 따라 제출받은 과세가격결정자료에서 제30조제1항 각 호의 어느 하나에 해당하는 금액이 이에 해당하지 아니하는 금액과 합산되어 있는지 불분명한 경우에는 이를 구분하여 계산할 수 있는 객관적인 증명자료(전산화된 자료를 포함한다)의 제출을 요구할 수 있다.

③ 제1항에 따른 과세가격결정자료 또는 제2항에 따른 증명자료(이하 "과세가격결정자료등"이라 한다)의 제출을 요구받은 자는 자료제출을 요구받은 날부터 60일 이내에 해당 자료를 제출하여야 한다. 다만, 대통령령으로 정하는 부득이한 사유로 제출기한의 연장을 신청하는 경우에는 세관장은 한 차례만 60일까지 연장할 수 있다.

④ 세관장은 특수관계에 있는 자가 다음 각 호의 어느 하나에 해당하는 경우에는 제31조부터 제35조까지의 규정에 따른 방법으로 과세가격을 결정할 수 있다. 이 경우 세관장은 과세가격을 결정하기 전에 특수관계에 있는 자와 대통령령으로 정하는 바에 따라 협의를 하여야 하며 의견을 제시할 기회를 주어야 한다.
  1. 과세가격결정자료등을 제3항에 따른 기한까지 제출하지 아니하는 경우
  2. 과세가격결정자료등을 거짓으로 제출하는 경우

⑤ 제4항에도 불구하고 세관장은 특수관계에 있는 자가 제30조제3항제4호 단서에 해당하는 경우임을 증명하는 경우에는 같은 조 제1항 및 제2항에 따라 과세가격을 결정하여야 한다.

⑥ 세관장은 과세가격결정자료등의 제출을 요구받은 자가 제277조제1항에 따라 과태료를 부과받고도 자료를 제출하지 아니하거나 거짓의 자료를 시정하여 제출하지 아니하는 경우에는 미제출된 자료를 제출하도록 요구하거나 거짓의 자료를 시정하여 제출하도록 요구할 수 있다.

⑦ 제6항에 따라 자료제출을 요구받은 자는 그 요구를 받은 날부터 30일 이내에 그 요구에 따른 자료를 제출하여야 한다.

고2절 특수관계자간 수입물품

고48조(특수관계자간 수입물품 사전심사 신청)

① 법 제30조제3항제4호에 따른 특수관계에 해당하는 자 중 법 제37조제1항제3호에 따른 과세가격 결정방법 사전심사(이하 "특수관계 사전심사"라 한다)를 신청하려는 자는 별지 제14호서식의 사전심사 신청서를 영 제31조제1항 각 호와 규칙 제7조의10제1항 각 호의 서류와 함께 관세평가분류원장에게 제출한다.

② 제1항에도 불구하고 「중소기업기본법」제2조에 해당하는 중소기업이 법 제37조제1항제3호에 따른 과세가격 결정방법 사전심사(이하 "특수관계 간이 사전심사"라 한다)를 신청하려는 경우에는 별지 제21호서식의 과세가격 결정방법 간이 사전심사 신청서를 영 제31조제1항 각 호와 규칙 제7조의10제1항제4호 및 제8호의 서류와 함께 관세평가분류원장에게 제출해야 한다.

③ 영 제31조제6항에 따른 특수관계 사전심사 및 특수관계 간이 사전심사 또는 각각 해당 사전심사의 재심사 신청의 반려에 관한 사항은 제43조제3항을 준용한다. 다만, 제43조제3항에서 "재심사를 신청하여 그 결과를 통보받은 경우"란 제51조제3항에 따라 별지 제28호서식의 과세가격결정방법 사전심사 재심사 검토의견서(특수관계자용)를 통보받은 경우를 말한다.

④ 법 제37조의2에 따라 관세와 국세의 사전조정을 신청하려는 자는 별지 제22호서식의 관세의 과세가격 결정방법과 국세의 정상가격 산출방법의 사전조정 신청서를 다음 각 호의 서류와 함께 관세평가분류원장에게 제출해야 한다.
  1. 규칙 제7조의10제1항에 따른 과세가격 결정방법 사전심사 신청서류
  2. 「국제조세조정에 관한 법률 시행령」제9조제1항에 따른 신청서류

⑤ 관세평가분류원장은 영 제31조의3제1항에 따라 사전조정 절차를 시작할 것인지를 결정하여 별지 제23호서식의 관세의 과세가격 결정방법과 국세의 정상가격 산출방법의 사전조정 적정 여부 통지서를 신청자에게 통보하여야 한다.

고49조(사전상담)

① 제48조에 따라 사전심사를 신청하려는 자는 관세평가분류원장에게 사전심사에 관하여 상담을 신청할 수 있다. 이 경우 관세평가분류원장은 사전상담을 수행할 본부세관장을 지정해야 하며, 해당 본부세관장은 상담신청일로부터 1개월 이내에 상담기회를 신청인에게 제공해야 한다.

② 제48조제4항의 사전조정 신청의 경우에는 관세평가분류원장이 상담신청일로부터 1개월 이내에 상담기회를 신청인에게 제공해야 한다.

고50조(사전심사)

① 제48조에 따라 사전심사 신청서를 제출받은 관세평가분류원장은 본부세관장에게 특수관계 사전심사 신청서 및 구비서류에 따라 다음 각 호의 사항을 검토하도록 요청해야 한다.
  1. 특수관계 사전심사 신청대상 여부
  2. 특수관계 사전심사 신청대상 물품별 구체적인 정보
  3. 신청인이 특수관계 사전심사 받고자 하는 가격결정방법의 구체성
  4. 당초 가격결정방식과 특수관계 사전심사 신청한 방식과 비교

② 본부세관장은 제1항 각 호에 따라 검토한 결과, 신청내용이 사전심사를 하기에 충분하지 않은 경우 30일 이내의 기간을 정하여 신청인에게 보완을 요청할 수 있다. 다만, 본부세관장은 신청인이 본사의 자료 제공 지연 등 부득이한 사유로 연장을 신청할 경우에는 보완기간을 30일 이내에서 한번만 연장할 수 있다.

③ 본부세관장은 제48조에 따른 사전심사의 신청이 영 제31조제6항 및 제43조제3항에 따른 반려할 수 있는 사유에 해당하는 경우에는 관세평가분류원장에게 그 사실을 통보하여야 하며, 관세평가분류원장은 본부세관장이 통보한 사실관계 등을 검토하여 반려 사유에 해당될 경우 사전심사를 반려할 수 있다.

④ 관세평가분류원장은 자료의 정확한 해석 등을 위하여 신청인의 설명이 필요한 경우 신청인(해외 관련기업 포함)에게 보충설명을 요청할 수 있다.

⑤ 관세평가분류원장은 신청인이 제출한 자료만으로는 사실관계 등의 확인이 곤란하여 현장방문이 필요하다고 판단되는 경우에는 신청인의 협조를 얻어 5근무일이내에서 현장방문하여 사실관계를 확인할 수 있으며, 부득이한 사유가 있는 경우 5근무일이내에서 그 기간을 연장 할 수 있다.

⑥ 관세평가분류원장은 규칙 제7조의10제1항의 제출서류, 영 제31조제2항에 따라 제출된 보완자료, 제4항 및 제5항에 따른 설명 또는 확인된 사실에 의하여 심사한 결과 신청인이 적용받고자 하는 과세가격 결정방법으로 인정할 수 없다고 판단되는 경우에는 서면으로 신청인에게 그 사유를 명시하여 수정을 요구할 수 있다.

⑦ 신청인은 제6항에 따라 수정요구를 받은 때에는 수정요구를 받은 날로부터 30일 이내에 서면으로 합리적 근거를 바탕으로 당초 신청서 내용 중 특수관계의 거래가격 영향 여부 및 과세가격결정방법의 수정을 신청할 수 있다.

⑧ 관세평가분류원장은 다음 각 호의 어느 하나에 해당하는 경우에는 진행 중인 사전심사를 중단하고 신청을 반려할 수 있다.
  1. 신청인이 정당한 사유없이 제4항 및 제5항에 따른 설명이나 사실관계 확인에 대하여 거부·방해 또는 질문에 불응하는 경우
  2. 신청인이 제7항에 따른 기간이내에 수정신청을 하지 않은 경우
  3. 제7항에 따라 신청인이 수정신청한 내용이 불합리하여 적용받고자 하는 과세가격 결정방법을 인정할 수 없는 경우

⑨ 관세평가분류원장은 사전심사 신청에 대한 심사결과 특수관계자간 수입물품에 대하여 과세가격 결정방법을 확정하기 어려운 경우에는 관세청장에게 질의할 수 있다.

⑩ 관세평가분류원장이 제51조제1항에 따라 통부하는 과세가격의 결정방법은 신청물품의 수입신고 과세가격으로 인정받을 수 있는 가격을 산출하는 방법(계산식을 포함한다)으로 결정해야 한다.

⑪ 관세평가분류원장은 본부세관장에게 제4항부터 제10항까지에서 정한 사항을 검토하도록 요청할 수 있다.

⑫ 관세평가분류원장은 특수관계 사전심사가 영 제31조제6항, 제43조제3항, 제8항에 따라 반려되거나 영 제31조제9항, 제51조제3항 및 제4항에 따라 철회된 경우에는 반려 또는 철회 사실을 신청인, 해당 사전심사 건을 검토하였던 본부세관장 및 통관예정지 세관장에게 즉시 통보하여야 한다.

[고시] 제6장 과세가격결정방법 사전심사

고1절 일반 수입물품

고43조(일반 수입물품 사전심사 신청)

고44조(사전상담)

고45조(전문가 등의 자문)

고46조(심사결과 통보)

고47조(사전심사 변경 등)

고2절 특수관계자간 수입물품

고48조(특수관계자간 수입물품 사전심사 신청)

고49조(사전상담)

고50조(사전심사)

고51조(사전심사 결과통보)

고52조(사전심사 결과 변경 등)

고53조(연례보고서의 제출 등)

고54조(특수관계 사전심사 적용기간 연장 신청)

고55조(관세조사와의 관계)

고56조(준용규정)

[고시] 제7장 관세평가협의회 등

고57조(관세평가협의회 구성)

고58조(협의회 심의사항)

고59조(협의회의 운영)

고60조(관세평가협의회 수당)

고61조(관세평가자문단)

고62조(재검토 기한)

고51조(사전심사 결과통보)

① 관세평가분류원장은 제48조에 따른 사전심사신청에 대하여 신청일로부터 영 제31조제3항 제2호에 따른 기간 이내에 특수관계가 거래가격에 영향을 미쳤는지 여부, 법 제30조제1항과 제2항에 따른 가산 또는 공제요소 해당여부, 제1방법부터 제6방법까지에 따른 과세가격결정 여부 등을 내용으로 하는 별지 제15호서식의 과세가격결정방법 사전심사 검토의견서를 신청인에게 통보하여야 한다.

② 제1항에 따라 검토의견을 통보받은 자는 검토의견서를 통보받은 날로부터 30일 이내에 그 동의여부를 관세평가분류원장에게 서면으로 제출하여야 한다.

③ 제1항의 검토의견서를 통보받았으나 제2항에 따라 그 검토의견에 이의가 있어 부동의 하고자 하는 자는 그 검토의견서를 통보받은 날로부터 30일 이내에 별지 제27호서식의 과세가격결정방법 사전심사 재심사 신청서(특수관계자용)에 증빙서류를 첨부하여 관세평가분류원장에게 재심사를 신청할 수 있다. 이 경우 재심사와 관련한 자료 보완, 신청내용 변경, 검토의견의 통보에 관한 사항은 제1항 및 제2항, 영 제31조제2항 및 제9항을 준용하며, 제1항의 "별지 제15호서식의 과세가격결정방법 사전심사 검토의견서"는 "별지 제28호서식의 과세가격결정방법 사전심사 재심사 검토의견서(특수관계자용)"로 대체하며, 제5항의 "별지 제16호서식의 과세가격결정방법 사전심사 결정서"는 "별지 제29호서식의 과세가격결정방법 사전심사 재심사 결정서(특수관계자용)"로 대체한다. 다만, 그 검토의견에 이의가 있어 부동의로 제출하였으나 그 검토의견서를 통보받은 날로부터 30일 이내에 재심사 신청을 하지 아니한 때에는 사전심사 신청이 신청인에 의해 철회된 것으로 본다.

④ 제1항의 검토의견서를 통보받은 자가 제2항에 따라 기한 내에 동의여부를 통보하지 아니한 때에는 사전심사신청이 신청인에 의해 철회된 것으로 본다. 이 경우 관세평가분류원장은 신청인에 의해 철회된 사실을 해당 사전심사 건을 검토하였던 본부세관장 및 통관예정지 세관장에게 즉시 통보하여야 한다. 다만, 일부 품목에 대하여 부동의로 제출한 경우에는 제3항의 절차에 따른다.

⑤ 신청인이 제2항에 따라 동의로 제출한 경우에는 그 제출을 받은 날로부터 15일 이내에 별지 제16호서식의 과세가격결정방법 사전심사 결정서를 신청인에게 교부하고, 이를 해당 사전심사 건을 검토하였던 본부세관장 및 통관예정지 세관장에게 통보한다.

⑥ 〈삭제〉

⑥ 제1항의 심사결과가 신청내용과 동일하지 아니하더라도 제2항에 따라 신청인이 심사결과에 동의한 경우에는 신청인이 그 내용을 당초부터 신청한 것으로 본다.

⑦ 관세평가분류원장은 제48조제2항에 따른 특수관계 간이 사전심사를 신청받은 날부터 6개월 이내에 그 결과를 별지 제15호서식의 과세가격결정방법 사전심사 결과통보서에 따라 신청자에게 통보하여야 한다. 다만, 물품과 거래내용의 특성에 따라 심사기간의 연장이 필요한 경우에는 관세청장과 협의하여 심사기간을 영 제31조제3항제2호에 따른 기간의 범위 내에서 연장할 수 있다.

고52조(사전심사 결과 변경 등)

① 관세평가분류원장은 법 제37조제6항 및 영 제31조제10항제1호에 따라 이미 사전심사한 내용을 변경하려는 경우 제48조, 제50조 및 제51조에 따른 사전심사 절차를 준용하여 처리하여야 한다.

② 관세평가분류원장은 법 제37조제6항 및 영 제31조제10항에 따라 이미 사전심사한 내용을 변경, 철회 또는 취소한 경우에는 신청인, 해당 사전심사 건을 검토하였던 본부세관장 및 통관예정지 세관장에게 지체 없이 통보하여야 한다.

고53조(연례보고서의 제출 등)

① 법 제37조제5항 및 영 제31조제8항에 따라 보고서를 제출해야 하는 자는 매년 사업연도 말일 이후 6개월 이내에 다음 각 호의 사항이 포함된 별지 제17호서식의 연례보고서를 제50조제11항에 따라 특수관계 사전심사를 검토한 본부세관장에게 제출한다. 이 경우 신청인은 사전심사 결정서를 교부받은 날로부터 해당 사업연도 말일까지의 기간이 6월 미만일 경우 당해연도 연례보고서를 차년도 연례보고서에 포함하여 제출할 수 있다.

1. 영 제31조제8항제1호에 관한 사항
2. 영 제31조제8항제2호에 관한 사항
3. 영 제31조제8항제3호에 관한 사항

4. 사업연혁, 사업내용, 조직, 출자관계, 재무제표, 수입물품 전체 현황, 수입거래 관련 계약서, 수입물품별 가격산출방법
5. 주요 매입처별 매입원가 및 매출처별 매출원가 등 상품 및 제품 가격 적정성 검토에 필요한 자료
6. 그 밖에 본부세관장이 연례보고서 검토를 위하여 필요하다고 인정하는 사항

② 본부세관장은 본사의 자료 제공 지연 등의 사유로 자료를 제출할 수 없다고 인정되는 경우 연례보고서를 제출하는 자의 요청에 따라 1개월 범위내에서 연장할 수 있다.

③ 제1항에 따라 연례보고서를 제출받은 본부세관장은 그 연례보고서를 제출받은 날부터 6월 이내에 제51조제5항에 따라 교부받은 사전심사 결정서의 내용에 따라 수입물품에 대한 가격신고 등이 적정하게 이행되었는지 여부 등을 검토한 후 그 결과를 관세평가분류원장에게 제출한다. 본부세관장은 연례보고서 검토와 관련하여 필요하다고 인정되는 경우 제50조 규정을 준용하여 처리할 수 있다.

④ 본부세관장은 제2항에 따른 연례보고서 검토 결과 법 제37조제6항 및 영 제31조제10항 각 호의 어느 하나에 해당하는 사실이 있는 때에는 그 사실을 관세평가분류원장에게 통보하여야 한다.

⑤ 관세평가분류원장은 본부세관장이 통보한 사실을 검토한 결과 법 제37조제6항 및 영 제31조제10항에 따라 이미 사전심사한 내용을 변경, 철회 또는 취소하려는 경우 제52조 규정을 준용하여 처리하여야 한다.

고54조(특수관계 사전심사 적용기간 연장 신청)

① 영 제31조제7항제4호에 따라 특수관계 사전심사 결과의 적용기간을 연장하고자 하는 자는 별지 제30호서식의 특수관계 사전심사 적용기간 연장 신청서를 규칙 제7조의10제3항 각 호의 서류와 함께 본부세관장에게 제출하여야 한다.

② 제1항에 따라 연장 신청을 제출받은 본부세관장은 연장 신청을 받은 날로부터 20일 이내에 연장 승인 여부에 관한 검토의견을 관세평가분류원장에게 통보하여야 한다.

③ 제2항에 따라 연장 사실을 통보받은 관세평가분류원장은 연장 사실을 통보받은 날로부터 10일 이내에 연장 여부를 결정하여 별지 제31호서식의 특수관계 사전심사 적용기간 연장승인서를 신청인, 해당 사전심사 건을 검토하였던 본부세관장 및 통관예정지 세관장에게 즉시 통보하여야 한다.

고55조(관세조사와의 관계)

① 법 제110조제2항제2호의 관세조사는 사전심사 신청에 의하여 중단되지 아니한다. 다만, 관세조사 대상자로 선정되었더라도 세관장이 관세조사를 통지하기 전에 신청인이 특수관계 사전심사를 신청한 경우 해당 신청 물품의 과세가격에 관한 관세조사의 유예를 요청할 수 있다.

② 제1항 단서의 규정에 따라 관세조사의 유예를 요청받은 세관장은 그 사실을 관세청장에게 보고한 후 그 지시에 따라 동 관세조사를 유예할 수 있다.

③ 관세청장은 특수관계 사전심사로 인해 과세가격 결정방법이 결정된 물품에 대하여 결과를 통보받은 날로부터 3년간 과세가격의 적정성에 한하여 정기 관세조사를 유예할 수 있다.

고56조(준용규정) 제43조제2항, 제45조의 규정은 특수관계 사전심사에 준용한다.

관세평가 법령집 **38**

MEMO

관세평가 법령집

초판 1쇄 발행 : 2024년 4월 1일
　　　　개정판 : 2025년 4월 10일

편　　　　저 : 전 용 대
발　행　　인 : 박 지 인
발　행　　처 : 글로벌엠케이
주　　　　소 : 경기도 화성시 경기대로 1025-5 병점제일타운 102호
등　　　　록 : 제2021-000012호
전　　　　화 : 070-4115-4986
팩　　　　스 : 0303-3445-4986
디　　자　　인 : 전혜준 (master@trade-master.co.kr)
ISBN　979-11-94829-00-3
정가 13,000 원

· 이 책은 저작권법에 의해 보호를 받으므로 어떠한 형태의 무단 전제나 복제를 금합니다.
· 파본은 교환하여 드립니다.
· www.mkacademy.co.kr